Wilhelm Sigmund Teuffel

Abhandlung über das Aeschylos Promethie und Orestie

Wilhelm Sigmund Teuffel

Abhandlung über das Aeschylos Promethie und Orestie

ISBN/EAN: 9783744611251

Hergestellt in Europa, USA, Kanada, Australien, Japan

Cover: Foto ©ninafisch / pixelio.de

Weitere Bücher finden Sie auf **www.hansebooks.com**

EINLADUNG

zur

AKADEMISCHEN FEIER DES GEBURTSFESTES

SEINER MAJESTÄT DES KÖNIGS

WILHELM VON WÜRTTEMBERG

DEN 27. SEPTEMBER 1861

IM NAMEN

des

RECTORS UND AKADEMISCHEN SENATS

der

KÖNIGLICHEN EBERHARD-KARLS-UNIVERSITÄT TÜBINGEN.

BEIGEFÜGT IST EINE ABHANDLUNG
ÜBER DES AESCHYLOS PROMETHIE UND ORESTIE,
VON
Dr. WILHELM SIGMUND TEUFFEL,
ORDENTLICHEM PROFESSOR DER CLASSISCHEN PHILOLOGIE.

TÜBINGEN,
GEDRUCKT BEI LUDWIG FRIEDRICH FUES.
1861.

EINLADUNG.

Der 27. September dieses Jahres bringt uns den einundachtzigsten Geburtstag des Nestors der europäischen Fürsten,

Seiner Majestät
unseres allergnädigsten Königs und Herrn.

Unsere Hochschule wird denselben in der gewohnten Weise festlich begehen, in dankbarstem Hinblick auf die zahlreichen Beweise Königlicher Huld und Gnade die wie dem gesammten Vaterlande so auch ihr unter Seiner Regierung fortwährend zu Theil geworden sind.

Zu dieser akademischen Feier werden im Namen des Rectors und akademischen Senats sämmtliche Mitglieder und Freunde der Universität auf den 27. September, Vormittags nach Beendigung des öffentlichen Gottesdienstes, in den Festsaal des Universitätsgebäudes geziemendst eingeladen. Die Festrede wird halten

Dr. Albert Schäffle,
ordentlicher Professor der staatswirthschaftlichen Facultät,

über die Entwicklung des Communicationswesens in Württemberg.

I. Promethie.

Neuere Literatur.

1. Ausgaben.

G. F. Schömann, des Aesch. gefesselter Prometheus. Griechisch und deutsch, mit Einl., Anmerkungen und dem (nachgedichteten) gelösten Prom. Greifswald 1844.

Aesch. Prom. vinctus brevi commentario instr. F. A. Paley. London 1846.

Griech. mit metr. Uebersetzung von J. A. Hartung. Leipzig 1852.

Cum scholiis Mediceis, in usum praelectionum curavit A. Meineke. Berlin (Nicolai) 1858.

2. Abhandlungen zur Kritik und Erklärung.

A. Zur Textkritik.

Winckelmann, observatt. in Aesch. Prom. eiusdemque fabulae in germ. translatae specimen. Salzwedel 1854. 4.

Fr. Wieseler, Adversaria in Aesch. Prom. vinctum et Ar. Aves philologica et archaeologica. Göttingen 1843.

Fr. Wieseler, zu Aesch. Prom. im Philologus. IX. S. 716—722 und Schedae criticae in Aesch. Prom. vinctum. Göttinger Lectionscatal. Sommer 1860. 16 pp. 4.

E. J. Kiehl, Aeschylea. P. I. Lugd. Bat. 1850. De Prom. Aesch.

G. F. Schömann, Mantissa animadversionum ad Aesch. Prom. In e. Opusc. III. p. 81—94.

B. Theologischer Charakter.

(F. Ch. Wagner,) de Aesch. fab. Prom., in qua Juppiter aliam personam sustinet quam in ceteris poetae fabulis, Ind. lectt. Marburg. 1824. 4.

H. Keck, der theologische Charakter des Zeus in Aesch.'s Prometheus-Trilogie. Glückstadt 1851. 26 S. 4.

G. F. Schömann, Vindiciae Jovis Aeschylei, opusc. III. p. 95—119 und Ueber den Prometheus des Aesch. Ebendas. S. 120—139.

G. F. Schömann, Noch ein Wort über Aesch. Prom. (zu Welcker's Jubiläum). Greifswald 1859. 49 S. 8.

J. Caesar, der Prom. des Aesch. Zur Revision der Frage über seine theol. Bedeutung. Marburg 1860. 57 S. 8. (zu Welcker's Jubiläum).

Döllinger, Heidenthum und Judenthum (Regensb. 1857). S. 269 ff.

Preller, griech. Mythol. I. S. 66 ff.

Welcker, griech. Götterlehre II. S. 246 — 278.

K. Lehrs in Jahn's Jahrbb. LXXIX. S. 556—558.

1

C. Trilogie und Allgemeines.

F. G. Welcker, s. unten S. 6.
Bellmann, de Aesch. trilogia Prometheo. Breal. 1829.
Kattierfeld, de Prometheo terraione Aeschyli, in Jahn's Jahrbb. Suppl. XIX, 3. S. 407—436.
E. Krügelstein, Pauca de consilio Aesch. in Prom. fabula componenda. Gotha 1845. 16 p. 4.
Emil Freusdorf, Études sur Éschyle. Tom. I. (Brüssel 1846. 8). Prométhée enchainé.
A. Feuerbach, de Prom. Aeseb. consilio atque indole. In dessen nachgelass. Schr. (Braunschweig 1853). IV. S. 129—154.
J. Meister, über den Prom. des Aesch. Troppau 1853. 4.
H. Köchly, über Aesch. Prom. In s. akadem. Vorträgen u. Reden I. (Zürich 1859). S. 3—46.
W. Vischer, über die Prometheus-Tragödien des Aesch. Begrüssungsschrift der philos. Facultät zu Basel an Welcker. Basel 1859. 26 S. 4.
H. Keck, die neueste Lit. über Aesch. Prom., in Jahn's Jahrbb. LXXXI. S. 459—486.
Anderes s. unten Anm. 2, 19, 39, 58, 59.

Der Προμηθεύς des Aeschylos, wie er uns vorliegt, ist ein Stück von sehr merkwürdigem Inhalte. Wir sehen bei dessen Beginne den Titanen Prometheus von den Personen des Κράτος und der Βία auf die Bühne gebracht, in deren Hintergrund er auf Zeus' Befehl von Hephaestos an einen Felsen angeschmiedet wird, zur Strafe dafür dass er das Feuer den Göttern entwendet und den Menschen gebracht hat. Von ihnen allein gelassen spricht Prometheus sich monologisch über die ihm zugedachten Leiden und deren Ursache aus, erhält aber bald Gesellschaft an den Töchtern des Okeanos, welche auf das Geriusche des Anschmiedens herbeieilen und den Chor des Stückes bilden (Πρόλογος, V. 1—127). Sie erkennen in seiner Bestrafung das Walten des unerbittlichen neuen Beherrschers der Götter, des Zeus, und fragen theilnehmend nach seiner Verschuldung. Prometheus zählt die Wohlthaten auf welche er der Menschheit erwiesen habe, dass er sie vor der Vernichtung durch Zeus gerettet, ihr Hoffnungen über den Tod hinaus eingepflanzt und durch das Geschenk des Feuers ihnen alle Kunstfertigkeiten erschlossen habe; dadurch habe er sich jedoch zugleich den Zorn des Zeus zugezogen, der ihn, trotz der Verdienste die er sich um ihn beim Kampfe mit den Titanen erworben, in diese Lage gebracht habe, aber einst noch ihn nöthig haben und sich mit ihm aussöhnen werde (Πάροδος, V. 128—283). Okeanos räth ihm als Freund den Widerstand aufzugeben und dem neuen Herrscher sich zu unterwerfen, gibt aber seinen Versuch bald wieder auf, weil er sich völlig vergeblich zeigt und nur ihn selbst auch bei Zeus compromittieren könnte ('Επεισόδ. I. 284—396). Der Chor versichert den standhaften Dulder der allgemeinen Theilnahme (Στάσ. I. 397—435). Prometheus lässt seinen Blick auf der Vergangenheit ruhen, erzählt ausführlich was er Alles die Menschen gelehrt, und stellt seine jetzige Hülflosigkeit in schneidenden Gegensatz dazu; doch kennt er das Mittel das ihn aus den Banden retten wird, verschweigt es aber vor dem Chore ('Επεισόδ. II. 436—525), der sich aus Prometheus' Schicksal die Lehre abzieht nicht das Interesse der Menschen über das der Götter zu stellen (Στάσ. II. 526—560). Da tritt, von der Bremse gestachelt, ein anderes Opfer des Zeus auf, Io, die stierhörnige Jungfrau. Sie erzählt auf den Wunsch des Chors was ihr bis dahin begegnet, und erfährt von Prometheus welche Wanderungen und Geschicke ihr noch bevorstehen, eine Weissagung welche dadurch beglaubigt wird dass Prometheus ihr auch den Weg welchen sie bis jetzt zurückgelegt aufs Genaueste beschreibt. So belehrt wird sie von einem neuen Anfall durch die Bremse weggetrieben ('Επεισ. III. 561—876). Der Chor preist, durch Io's Geschick veranlasst, Gleichheit in der Paarung (Στάσ. III. 887—906). Den Prometheus aber mahnt die Verbindung des Zeus mit der sterblichen Jungfrau an den anderen Ehebund desselben wodurch dessen Herrschaft bedroht werden wird, und darauf pochend äussert er sich über Zeus immer trotziger und herausfordernder. In dieser Stimmung ist er um so weniger geneigt dem Befehle desselben zu genügen, der ihm durch Hermes überbracht wird, den zu nennen welcher den Zeus vom Throne stossen werde. Nur um den Preis seiner Freilassung will er das Geheimniss verrathen, und auch die Drohung des Hermes, er werde sonst von Zeus unter die Erde geschleudert, und wenn er endlich wieder heraufgelassen werde, so werde ein Adler an seiner Leber nagen, bis ein Unsterblicher sich entschliesse an seiner Statt den Tod zu leiden, — auch diese Drohung vermag, trotz der Zureden des Chors, ihn in seinem Entschlusse nicht wankend zu machen ('Επεισόδ. IV. 907—1039); und so geht er denn unter, mit der Betheurung dass er Unrecht leide (Schlussanapästen, Έξοδος, 1040—1093).

Das Stück zerfällt, wie gewöhnlich die aeschyleischen, in drei Theile oder Acte, die nur lose an einander gereiht sind. Der erste reicht bis zum Auftreten der Io (V. 1—560), der zweite umfasst eben die Scene mit Io, deren Auftreten gar nicht motiviert wird und als blosser Zufall erscheint. Diese Scene (561—906) bildet den Ruhepunkt der Handlung; sie steht in der Mitte zwischen dem Erwarten der Katastrophe und ihrem Eintreten, und ist diesem Charakter gemäss in behaglicher epischer Ausführlichkeit gehalten [1]), namentlich voll räthselhafter Beschreibungen von

---

1) Wie die Erzählung der Io, V. 640 ff., und die Antwort des Prometheus V. 700 ff. 786 ff.

mythischen Gegenden und Völkern, aus denen aber nicht ohne Weiteres auf den damaligen Standpunkt der Länderkunde zu schliessen ist²). Indessen für eine blosse Digression darf man diese Ioscene nicht halten. Nicht nur wird durch sie im Allgemeinen des Prometheus ruhige Klarheit dargelegt, durch welche seine Standhaftigkeit an Werth gewinnt³), sondern Io bildet überdiess theils ein Seitenstück theils einen Gegensatz zu Prometheus. Auch sie ist ein Opfer der Gewaltthätigkeit des Zeus, und ihr Anblick steigert daher des Titanen Trotz und Bitterkeit gegen den Herrscher der Götter; aber ihr Leiden ist ein entgegengesetztes: ihr ruheloses Rennen über Land und Meer sticht eigenthümlich ab gegen die starre, Jahrtausende lang währende Anfesslung des Prometheus, wie durch Io's Verzweiflung und Angst sein kalter Trotz und seine eiserne Willensfestigkeit in um so helleres Licht gerückt wird. Dazu kommt dass Io als Stammmutter dessen von welchem später die Befreiung des Prometheus ausgeht für die Handlung wichtig ist und gleichsam die Brücke für das Spätere bildet⁴). Der dritte Theil, die Schlussscene (V. 907—1093), hat an drastischer Wirkung dadurch bedeutend gewonnen dass die Bedrohung und Bestrafung mit dem Tartaros in die Sage eingeschoben wird, welcher eine derartige Unterbrechung der Anfesslung des Prometheus fremd ist.

Einer solchen Belebung war das Stück um so bedürftiger weil es im Uebrigen so gut wie keine Handlung hat, sondern sich einzig mit der Darstellung des Charakters von Prometheus beschäftigt, welcher selbst wieder nur von der einen Seite des unbeugsamen Trotzes erscheint. Als Titane gehört Prometheus der älteren Göttergeneration an, durch deren Sturz Zeus zur Herrschaft gelangt ist; er ist der einzige der Titanen der nicht im Tartaros zu schmachten hat, weil er von Anfang an auf die Seite des Zeus getreten ist; aber unterworfen hat er sich ihm darum nicht, vielmehr fühlt er sich ihm gegenüber als gleichberechtigt, weiss ihn in gewissem Sinne von sich abhängig, und macht die Selbständigkeit seiner Stellung dadurch geltend dass er die Menschen erhöht auf Kosten der Götter

---

2) Vielmehr scheint der Dichter seine Phantasie frei walten lassen; vgl. über diese Frage Preller in Pauly's Real-Encycl. IV. S. 218 f. und zu der dort angeführten Literatur noch E. Hoche, die Irren der Io, Aschaffenb. 1855. 4, G. Hermann, de erroribus Ionis Aeschyleae, in seiner Ausgabe des Aesch. II. p. 152—165 und die Schrift von Thomas, essai sur la géographie astronomique du Prométhée d'Esch. Montp. 1850. 4. (mit Karte). Dahin gehört auch dass der Schauplatz des Stückes ἐν Σκυθίᾳ ἐπὶ τὸ Καυκάσιον ὄρος (Arg.) versetzt wird, s. Welcker, Nachtr. S. 60 f. Gruppe, Ariadne S. 59.
3) Welcker, Tril. S. 25.
4) Vgl. Gruppe, Ariadne S. 63 f.

und mit dem Bewusstsein diese dadurch zu kränken (V. 266). Zwar gibt Zeus ihm seine Herrschermacht zu fühlen; aber statt ihn zur Unterwerfung zu bringen bewirkt er im Augenblicke nur dass Prometheus um so trotziger dem gewaltthätigen Usurpator sich entgegenstellt und sein Geheimniss um so unerbittlicher in sein Inneres verschliesst. Die Festigkeit womit er auch bei äusserlichem Unterliegen seinen Willen behauptet macht den vollen Eindruck der Erhabenheit, auf welchen dieser ganze Charakter vorzugsweise angelegt ist [5]). Alle andern Figuren des Stückes, welche sämmtlich gleichfalls Götter sind, dienen nur dazu der Hauptperson Relief zu geben. So die Weichherzigkeit und das Mitgefühl sogar seines Henkers, des Hephaestos, die pfiffige Schmiegsamkeit des Okeanos, die Unruhe und Rathlosigkeit der Io, die geschäftsmännische Nüchternheit und Ironie des Hermes. Unter diesen ist Io die wenigst anziehende Erscheinung. Wenn auch den ästhetischen Forderungen so weit Rechnung getragen ist dass sie nicht geradezu in Kuhgestalt auftritt, sondern der Dichter sich, im Anschluss an die Kunstdarstellungen, mit dem Mythus durch das blose Attribut eines Horns abgefunden hat, so ist doch immer noch viel Abstraction nöthig um diese Figur sammt ihrer obligaten Bremse im tragischen Eindrucke mitzubefassen. Auch des Hermes erstes Auftreten, mit polternden Schimpfreden gegen Prometheus, steht der Komoedie näher als der Tragoedie, und gehört mit zu den Momenten worin dieses Stück von der sonstigen Weise des Aeschylus sich unterscheidet und der seiner Nachfolger sich nähert. Ausser den Genannten tritt die Personification der Herrschergewalt, das Κράτος, begleitet von der stummen Βία, auf, wie in den Xantrien die Wut. Sie sollten neben dem Werkzeuge, Hephaestos, den intellectuellen Urheber von Prometheus' Fesslung vertreten, das Motiv aus dem und das Recht kraft dessen sie erfolge; sie sind somit Vertreter des Zeus, der in eigener Person — zumal in solchem Zusammenhange — nicht auf die Bühne gebracht werden konnte. Der Chor endlich zeigt in seiner Haltung theils die Mittelmässigkeit der Denkweise welche seinem Begriffe und Ursprunge gemäss ist (526 ff.) [6]), theils die Eigenschaften welche der weiblichen Rolle entsprechen die er in diesem Falle bekleidet: Neugierde (515 ff.), Mitgefühl (144 ff. 687 ff.), Scheue vor Schroffheit (1036 ff.), aber auch treues Ausharren selbst im Unglück (1063 ff.). In beiden Beziehungen, durch seine volksmässig niedergestimmte Denkart wie seine weibliche Milde und Weichheit, dient der Chor gleichfalls, wie in den Ἑπτά,

---

5) S. bes. V. 966 ff. 992 ff. 1001 ff. 1040 ff.
6) Welcker, Tril. S. 26 f.

dazu um durch den Gegensatz die geistige Ueberlegenheit, den Stolz und die Unbeugsamkeit des Prometheus zu heben.

Diesem gegenüber erscheint selbst Zeus bei aller seiner Machtvollkommenheit als der Unmächtige, der nicht nur selbst auch dem Schicksale unterworfen ist, sondern dessen wuchtigsten Geschosse abprallen von der ehernen Brust des Titanen. Er kann zwar brutale Gewalt gegen ihn üben, aber er kann ihn nicht besiegen; er kann ihn niederschmettern, aber auch zu Boden geworfen schwingt der Bezwungene das zweischneidige Schwert der Weissagung über dem Haupte seines Besiegers. Vergebens bietet er alle seine Schrecken auf: nicht einmal Achtung, geschweige denn Furcht vermag er dem Prometheus abzugewinnen. Auch Zeus trägt so in Wahrheit nur dazu bei den Glanz des Prometheus zu erhöhen.

Um das Crasse dieser Darstellung zu mildern prägt der Dichter fort und fort seinem Zuschauer den zeitlichen Standpunkt ein von welchem aus er rede und auf welchen man daher selbst sich versetzen müsse: die Zeit wo die Herrschaft des Zeus noch eine ganz junge, eben erst gegründete war, noch nicht festgewurzelt in der Achtung der Regierten und mit den Unvollkommenheiten eines neuen Regimentes noch behaftet [7]. Das Gewicht das er auf diesen Gedanken lege bezeichnet der Dichter nach seiner Gewohnheit durch die Unermüdlichkeit womit er auf denselben zurückkommt [8]. Aber durch diese Bemerkung rechtfertigt sich nur zum kleinsten Theile die künstlerisch und individuell auffallende Einseitigkeit womit in dieser Tragoedie Zeus nur als gewaltthätiger Tyrann dargestellt ist [9]. Denn einmal ist es ästhetisch anstössig dass das Drama mit einem so grellen Misstone endigt, ohne Befriedigung nach irgend einer Seite hin, da weder Zeus mit Recht als Sieger, noch Prometheus anders denn ganz äusserlich als Besiegter bezeichnet werden kann, der Knoten — der im Conflicte zwischen dem Herrscherrechte des Zeus und der Willensfreiheit des Prometheus besteht — nur vorläufig zerhauen, nicht aber gelöst ist. Und dann individuell ist es mit den sonstigen theologischen Ansichten des Aeschylos unvereinbar den höchsten Gott definitiv in so revolutionärer, die Achtung vor ihm und der durch ihn ver-

---

7) In ähnlicher Weise stellen die Erinyen den Apollon als jungen Gott sich, den alten Göttern, gegenüber, Eum. 150. 162 f. (nur dass dort umgekehrt die jungen von milder Praxis sind), und V. 171f. dieselbe Klage dass man Apollon mehr ehre als die καλαιγενεῖς Μοῖραι, vgl. V. 731. 778 f.

8) S. V. 54 f. 98. 148 f. 310. 389. 402 ff. 439. 942. 955. 960. Mit Recht hat daher auch Caesar, nach dem Vorgange Dissen's, diesen Punkt besonders betont, s. B. der Prometheus des Aesch. (1860), S. 29 ff.

9) Vgl. O. Müller, gr. Lit.-G. II. S. 96 f.

tretenen sittlichen Ordnung untergrabender Weise behandeln zu lassen. Daher blieb diese Tragoedie lange Zeit ein unerschlossenes Geheimniss, die räthselhafteste unter allen antiken Tragoedien, auch ganz abgesehen von der Deutung welche man der mythischen Figur und Geschichte des Prometheus zu geben habe. Diese Räthselhaftigkeit war um so befremdender weil hinsichtlich ihrer Form diese Tragoedie bei weitem die einfachste, natürlichste, fasslichste unter den aeschyleischen ist [10]). Die Darstellung ist leichter, der Ausdruck klarer als in irgend einer andern des Aeschylos; die Chorlieder sind von geringerem Umfange und grösserer Durchsichtigkeit als sonst, der äussere Bau ist nach einer leichterkennbaren Zahlensymmetrie angelegt [11]), die Kunstgriffe zu Ueberdeckung der Structur weder immer sehr tief noch sehr fein [12]). Der Ton der durch das Stück geht ist frisch, lebendig und oft rhetorisch [13]). Je weniger so der Zugang zum Gedanken erschwert ist, desto mehr musste die Räthselhaftigkeit des Gedankens selbst wunderbar erscheinen, wenn man nicht etwa vorzog über diesen in bequemer oberflächlicher Weise abzusprechen, wie manche französische Erklärer und Aesthetiker gethan haben. Das Wort des Räthsels hat Welcker zwar nicht zuerst gefunden — denn auch hier, wie bei der Trilogie zu welcher die Ἑπτά gehören, hatte schon Siebelis, de Pers. p. 24 das Richtige erkannt — aber zuerst nutzbar gemacht, zur Aufhellung unserer Tragoedie verwendet. Der Schlüssel zu allen Eigenheiten derselben liegt nämlich in deren trilogischer Stellung.

Dass das auf uns gekommene Stück nicht vereinzelt aufgeführt wurde erhellt neben Anderem [14]) schon im Allgemeinen aus der Nachricht der Vita (§. 19): καί τινες ἤδη τῶν τραγῳδιῶν αὐτῷ διὰ μόνων οἰκονομοῦνται θεῶν, καθάπερ οἱ Προμηθεῖς. Zeigt diese Stelle dass Aeschylos eine Mehrheit von Stücken welche die Prometheussage behandelten verfasst hatte und dass diese einen gemeinsamen Charakter besassen, so erfahren wir aus dem alten Verzeichnisse der aeschyleischen Stücke weiter die genaueren Titel derselben. Hier werden nämlich in der alphabetischen Ordnung aufgeführt Προμηθεὺς δεσμώτης, Προμ. λυόμενος, Προμ. πυρφόρος, wozu noch aus anderen Quellen der Titel Προμ. πυρκαεὺς kommt. Dass letztere beiden Titel nicht identisch sind, sondern der πυρκαεὺς ein Satyrdrama war, welches das Schluss-

---

10) Welcker, Tril. S. 59.
11) Welcker, Tril. S. 59 f.
12) Vgl. V. 631 ff. 780 ff.; auch 519 f. mit 756 und 907 ff.
13) Häufige Anwendung der Figur der Amphora, wie 168. 274. 588. 688. 694. 887. 894. 996.
14) Z. B. daraus dass Personen die zu den anderen Stücken gehören (wie Gaea) dem Personenverzeichnisse des Δεσμώτης in Hdss. beigeschrieben sind.

stück zur Persertrilogie bildete, hat Welcker schon Tril. S. 119—122 behauptet, durch seine Beweisführung im „Nachtrag" u. s. w. S. 30 ff. aber vollends ausser Zweifel gestellt, und auch Gruppe [15]) gegen Süvern's Bedenken vertheidigt, so dass es zuletzt selbst G. Hermann zugegeben hat [16]). Von den andern ist der δεσμώτης urkundlich das auf uns gekommene Stück, und dass sich an dieses der λυόμενος unmittelbar angeschlossen habe ist durch ein Schol. zu Prom. 510 ausdrücklich bezeugt [17]). Dafür dass der πυρφόρος in der Trilogie die erste Stelle eingenommen habe besitzen wir zwar kein so positives Zeugniss, aber eine Reihe von mehr oder minder sicheren Combinationen und Beweisgründen vereinigt sich dazu auch jenen Umstand im höchsten Grade wahrscheinlich zu machen. Diese Trilogie (Προμ. πυρφ., δεσμ., λυόμενος), schon von Siebelis l. l. behauptet, wurde in ihrem inneren Zusammenhange und ihrer Bedeutung zuerst nachgewiesen von F. G. Welcker in der für die Behandlung der griechischen Tragiker Epoche machenden Schrift: die Aeschylische Trilogie Prometheus und die Kabirenweihe zu Lemnos u. s. w. Darmstadt 1824, sodann gegen den Widerspruch von G. Hermann verfochten, beziehungsweise modificiert in seinem Nachtrag zu der Schrift über die aesch. Tril., Frankf. a. M. 1826. Seitdem ist diese Trilogie allgemein angenommen, so dass heutzutage ausser Hartung nicht wohl Jemand sein wird welcher im Ernste sie bestritte. Hat doch sogar G. Hermann nach mehr als 20jährigem Widerspruch [18]), bei Gelegenheit der Controverse die er mit Schömann über die Auffassung des Zeus im Prom. führte, zwei Jahre vor seinem Tode jene Trilogie ganz beiläufig und geräuschlos anerkannt [19]). Wir begnügen uns daher den Gang derselben hauptsächlich nach Welcker darzulegen.

Das erste Stück der Trilogie, der feuerbringende Prometheus, enthielt, wie sein Name besagt, die Verschuldung des Prometheus durch Entwendung des Feuers, das furtum Lemnium, wie Cicero [20]) sich ausdrückt. Ausserdem war darin die Ankündigung der hiefür über ihn verhängten Strafe enthalten, dass er drei

---

15) Ariadne S. 56 f.
16) Ed. Aesch. I. p. 369.
17) Λύεται γὰρ ἐν τῷ ἑξῆς δράματι, vgl. Welcker, Nachtr. S. 49.
18) Ausser seiner Rec. des Welcker'schen Buches auch in Comm. de Aesch. Prom. soluto, opusc. IV. Nr. 5. Dagegen hat Welcker's Ansicht unter Andern Gruppe, Ariadne S. 57—71 glücklich verfochten.
19) Diss. de Prometheo Aeschyli, Lips. 1846, p. 14: communis opinio est, de cuius veritate non videtur dubitandum esse, trilogiam fuisse quae omnem de Promethei rebus fabulam complexa fuerit, ignifero Prometheo et vincto et soluto.
20) Tusc. II, 10.

Myriaden Jahre gefesselt bleiben werde [21]). Alles Uebrige was man über den Inhalt dieser Tragoedie aufgestellt hat [22]) ist völlig problematisch: gleich sehr die Behauptung dass der Chor aus Okeaniden [23]) wie dass er aus Kabiren [24]) bestanden habe, oder dass die Mittelscene eine Besprechung zwischen Prometheus und Hephaestos über das von Jenem beabsichtigte Unternehmen eingenommen [25]); und Welcker's Folgerung aus Prom. 555 ff., dass die Vermählung des Prometheus mit Hesione den Schluss gebildet [26]), hat ebenso viel oder ebenso wenig Sicherheit als die von G. Hermann [27]) aus V. 228 ff., illam de perdendo aut servando genere humano controversiam in ignifero Prometheo agitatam esse, und nicht minder muss es dahin gestellt bleiben ob der Schauplatz Lemnos war [28]); richtig aber scheint im Allgemeinen dass in dem Stücke Prometheus im Glanze der Heldenkühnheit, des Verstandes und Glückes erschien [29]), nur dass bereits auch die Wolke sichtbar wurde die sich über seinem Haupte zusammenzog. — Die im Πυρφ. angekündigte Fesslung sehen wir vollziehen und vollzogen [30]) im Δεσμώτης, zugleich aber wiederum die Befreiung aus diesen Banden unter gewissen Bedingungen im Voraus angekündigt und dadurch das Schlussstück bedingt und bestimmt. Diese Bedingungen sind doppelter Art: des Prometheus Aussicht endlich befreit zu werden gründet sich theils auf einen Nachkommen der Io theils auf den Besitz des Geheimnisses über die Gefahr welche der Herrschaft des Zeus drohe; Zeus selbst aber knüpft dessen Befreiung an die Bedingung dass sich unter den Unsterblichen einer finde der bereit sei für Prometheus den Tod zu leiden [31]). Beide Bedingungen erfüllten sich im Λυόμενος, die eine durch Herakles, die andere durch Cheiron, von welchen aber im Schlussstücke nur Herakles redend aufgetreten zu sein scheint [32]), wogegen die Bereitwilligkeit des Cheiron vielleicht nur

---

21) Fragm. 203. Nauck.
22) Vgl. Schömann, Prom. S. 72 ff.
23) Welcker, Tril. S. 13 f.
24) Welcker, Nachtr. S. 52 f.
25) Welcker, Tril. S. 16 f.
26) Tril. S. 17, zum Theil zurückgenommen Nachtrag S. 52—54.
27) Diss. de Prom. Aeschyleo, 1846, p. 15 f.
28) Welcker, Tril. S. 7 f.   29) Welcker, Tril. S. 18.
30) Auch in dieser Trilogie enthält so je das folgende Stück die Erfüllung der im vorhergehenden gegebenen Weissagung.
31) Vgl. Gruppe, Ariadne S. 65—70.
32) Um die Vertheilung der Rollen an zwei Schauspieler möglich zu machen, wenn nicht der δευτεραγωνιστής sowohl den Herakles als den Cheiron spielte.

durch Herakles ausgesprochen wurde, dessen Pfeil dieselbe gewirkt hatte. Jedenfalls war Herakles neben Prometheus die Hauptperson des dritten Stückes. Er, der dreizehnte Nachkomme der Io [33]), ein Helfer und Freund der Menschheit wie Prometheus und auch Cheiron, trifft auf einem seiner Züge den angeschmiedeten Prometheus [34]), sammt dessen Brüdern, den übrigen Titanen, welche den Chor des (dritten) Stückes bildeten und dasselbe eröffneten [35]) und welchen Prometheus beschrieben hatte wie er durch den Adler des Zeus zu leiden habe [36]). Auch den Herakles wird Prometheus kurz über Art und Anlass seiner Leiden in Kenntniss gesetzt haben [37]), und die Mittelscene des Stücks bestand, wie im Δεσμ. aus prophetischen Mittheilungen an Io, so hier aus ganz ähnlichen an Herakles über die ihm bevorstehenden Erlebnisse und Abenteuer [38]). Auch hier wieder fanden sich viele fabelhafte Nachrichten über Gegenden und Völker [39]). Zum Danke für diese lehrreichen Mittheilungen — oder in Folge des Versprechens von Prometheus, dann auch die zu nennen deren Sohn den Zeus stürzen würde, welche Gefahr im Augenblicke besonders nahe gerückt war durch die Bewerbung des Zeus um Thetis — erlegte Herakles, unter Anrufung des Apollon Agreus [40]), den Adler, und ward von dem gerührten Prometheus „des verhassten Vaters lieber Sohn" [41]) genannt. Darauf wird dann die Erledigung der andern Weissagung mittelst des Anerbietens von Cheiron Statt gefunden haben, worauf endlich Prometheus freiwillig den Zeus vor dem Bunde mit Thetis warnte.

Diess die Haupthandlung des Λυόμενος [42]). Am bemerkenswerthesten aber muss der Unterschied des Schluss-Stückes vom mittleren gewesen sein in Bezug

---

33) Daher die Figur der Io im Mittelstücke, zugleich den Zeitabstand zwischen dem Δεσμ. und dem Λυόμ. veranschaulichend.

34) Er ist, der Vorausverkündigung gemäss (Prom. 1020 f.), nach Verfluss langer Zeit aus dem Tartaros wieder entlassen worden, aber nur zu neuer Qual. — Der Schauplatz ist wohl noch der gleiche wie im Δεσμ., vgl. Welcker S. 32 — 34.

35) Fragm. 184 f. Nauck.

36) Fragm. 187.

37) Wie im Δεσμ. den Chor und Io.

38) Welcker, Tril. S. 46.

39) Fragm. 189 ff. Nauck. Das von mir, Rhein. Mus. N. F. VIII. S. 640, hierzu nachgewiesene Fragment aus dem Λυόμενος ist übrigens auch in Nauck's Sammlung übersehen. Vgl. auch Thomas, les fragments de la Prométhéide d'Éschyle. Montpellier 1856.

40) Fragm. 195.

41) Fragm. 196.

42) Dass die Lösung der Hauptinhalt war zeigt schon der Titel λυόμενος, nicht λελυμένος

auf die Stimmung des Prometheus und dessen Verhältniss zu Zeus. Während die Zuversicht welche Prometheus im Πυρφόρος bekundet hatte im Δεσμώτης zu Bitterkeit, Hass und Trotz gegen die Götter und besonders Zeus gesteigert war, so zeigte der Λυόμενος denselben durch Leiden geläutert und gemildert [43]). Diese Umstimmung sprach er wohl schon gegen die Titanen aus, dann gegen Herakles, indem er sich erbot dem Zeus das Geheimniss jetzt mitzutheilen, sodann schliesslich damit dass er nach seiner Befreiung nicht nur freiwillig dem Zeus vor der drohenden Gefahr warnte sondern auch als Bekenntniss seiner Verfehlung gegen den höchsten Gott und als Symbol seiner Bande ebenso freiwillig eine Fessel von Oelzweigen (anstatt eines Kranzes) und wohl auch einen Ring anlegte [44]). Und wie er jetzt μαλακογνώμων (V. 185) und μυρίαις πημοναῖς δύαις τε καμφθείς (512 f.) ist, so hat auch Zeus von seiner früheren Herbigkeit nachgelassen. In seiner Herrschaft gesichert hat er nunmehr die Titanen begnadigt und aus dem Tartaros entlassen [45]), hat darauf verzichtet die Mittheilung des Geheimnisses von Prometheus erzwingen zu wollen [46]), und grollt ihm auch nicht mehr wegen seiner Begünstigung der Menschen, indem er erkennt dass es besser sei über veredelte Menschen zu herrschen als über Thiere [47]). Er lässt es daher zu dass sein Sohn Herakles den Dulder befreit. So ist durch gegenseitiges Entgegenkommen beider Theile (V. 185 ff.) die Versöhnung bewirkt, der Misston in Harmonie aufgelöst, und ein befriedigender Abschluss herbeigeführt. Der eigentlich Triumphierende ist Zeus, indem Prometheus nachgibt, und dieser Ausgang war durch das religiöse wie das sittliche Interesse geboten, zumal nachdem Prometheus im Δεσμώτης in solchem Masse seinen Grimm gegen Zeus hatte ausschütten dürfen; aber andererseits ist doch auch des Prometheus Werth und Bedeutung zur vollsten Anerkennung gekommen, indem er der Unentbehrliche ist ohne dessen Warnung Zeus jetzt eben sich selbst den Untergang bereiten würde.

---

43) Was im Δεσμ. Ihn trotzig machte, dass er nicht sterben könne (V. 932 ff. 1040 ff.), das ist jetzt seine Qual. Vgl. Welcker S. 47 f.

44) Apollod. II, 5. Welcker, Tril. S. 49—58. 85 f.: „Mit dem freiwillig angelegten Zeichen seiner Bande nimmt Prometheus die Lehre davon dass nur durch Selbstbeschränkung, durch das Gefühl der Abhängigkeit vom Allerhöchsten der unsterbliche Geist seine Freiheit und sein Wohlsein sichere, und der Kranz den der Eiferer, als Zeichen dass er in der Macht der Hörern sei, gleich einer Fessel sich angelegt hat verwandelt sich ihm sofort in seinem bleibenden Ehrenschmuck, sein eiserner Fingerring wird zum Symbol einer heil. Weihe." G. Hermann, diss. von 1846. p. 13 f.

45) Welcker, Tril. S. 38. O. Müller II. S. 98.

46) Vgl. Welcker S. 29.

47) Welcker S. 93.

Diese Anerkennung und seine vollständige Versöhnung mit den Göttern wurde vielleicht schliesslich dadurch glänzend an den Tag gelegt dass er abgieng um an dem Mahle der Seligen theilzunehmen, das aus Anlass von Thetis' Hochzeitsfeier mit Peleus veranstaltet wurde [48]).

Die Zeit in welche die Aufführung dieser Trilogie fällt ist wahrscheinlich die zwischen Ol. 78, 1 (Aufführung der Ἑπτὰ u. s. w.) und Ol. 80, 2 (Ὀρέστεια) in der Mitte liegende. Das einzige zuverlässige Merkmal in dem erhaltenen Stücke ist zwar die Stelle wo der Ausbruch des Aetna geweissagt ist [49]), und diese weist nur über Ol. 75, 2 im Allgemeinen hinaus [50]). Indessen bietet das Stück auch noch einige andere Anhaltspunkte, welche es wenigstens wahrscheinlich machen dass diese Trilogie „zu den letzten Werken des aeschyleischen Genius" [51]) oder doch in dessen letzte Periode gehöre. Ein solcher ist die ziemlich entwickelte Stufe der Theatereinrichtungen welche der Δεσμώτης voraussetzt, und zwar theils in Bezug auf das Maschinenwesen theils hinsichtlich der Schauspielerzahl und Rollenvertheilung. Was die Maschinerie betrifft, so kommen Okeanos und die Okeaniden durch die Lüfte hergeflogen, und Ersterer geht auch wieder durch die Luft ab; noch mehr Vorrichtungen aber erforderte der Schluss, wo der Felsen an welchen Prometheus geschmiedet ist vom Blitze zertrümmert und Prometheus selbst in den Tartaros geschleudert wird [51a]). Sodann in Betreff der Rollenvertheilung ist das Stück so angelegt dass es unmöglich scheint ohne einen dritten Schauspieler auszukommen. In der ersten Scene reden Κράτος und Ἥφαιστος, und sind stumm mitanwesend Βία und Προμηθεύς; aber unmittelbar nach deren Abgang (V. 87), ohne Unterbrechung durch einen Chorgesang, beginnt Prometheus zu reden, so dass mindestens ein Παραχορήγημα anzunehmen ist durch welches entweder Κράτος oder Ἥφαιστος dargestellt wurde. Die übrigen Personen (ausser Κράτος noch Okeanos, Io, Hermes) konnten alle vom Deuteragonisten gegeben werden [52]), während der Protagonist ganz durch die Rolle des Prometheus in Anspruch genommen wurde, jedoch wohl so dass er hinter dem Bilde desselben versteckt war, was namentlich die erste Scene erfordert, wo bei der Anschmiedung z. B. seine Brust durchbohrt wird [53]). In der Anwendung eines Παραχορήγημα zeigt

---

48) Welcker, Tril. S. 53 f., vgl. 87 f.   49) V. 367 ff.
50) Welcker, Tril. S. 116.   51) O. Müller II. S. 94.
51a) Vgl. A. Schönborn, die Skene der Griechen (Leipzig 1858), S. 289—295.
52) Einer nach dem andern tritt, je nach einer durch den Chor ausgefüllten Pause, an Prometheus heran.
53) V. 64 f. Vgl. Welcker, Tril. S. 30. Nachtr. S. 58 f. Auch Cäsar a. a. O. S. 9 f A. 4.

sich ein scheuer Schritt zu der von Sophokles eingeführten [54]) Neuerung eines dritten
Schauspielers hin, welche in der Orestie offen angenommen ist. Die Schüchternheit aber womit dieser Schritt erfolgt und die beschränkte Anwendung die davon
gemacht wird, sofern trotzdem auch im Anfange nie mehr als zwei Personen zugleich am Gespräche theilnehmen, weist auf eine Zeit hin wo der Dichter sich
von dem alten Vorurteile noch nicht völlig losgerissen hatte, wonach ihm die
Betheiligung von drei Personen als eine Art Durcheinander erscheinen mochte,
also gleichfalls auf die Jahre zwischen dem ersten Auftreten des Sophokles (Ol.
77, 4) und der Aufführung der (hierin entschlosseneren) Orestie (Ol. 80, 2). Dazu
stimmt auch die sehr wenig achtungsvolle Art wie fortwährend [55]) der Ausdruck
τύραννος und τυραννίς gebraucht ist, von welcher sich annehmen lässt dass der
Dichter bei Lebzeiten seines Freundes Hieron [56]) sie vermieden hätte, wogegen
sie nach dessen Tode vielleicht mit den Zweck hatte den Aeschylos vor den Athe-
nern vom Verdachte der Vorliebe für die Tyrannis zu reinigen, wie auch V. (10
und) 224 f. auf unangenehme Erfahrungen hindeuten kann welche der Dichter
selbst in Sikelien zu machen gehabt hatte. Endlich spricht für diese Zeitbestim-
mung die Thatsache, auf welche zuerst von Rossbach oder Westphal hingewiesen
worden ist [57]), dass der Prometheus auch in Bezug auf seine metrische Anlage
und Ausführung von der sonst so scharf ausgeprägten aeschyleischen Norm sich
wesentlich unterscheidet und in demselben Verhältniss der Eigenthümlichkeit des
Sophokles, ja theilweise sogar des Euripides, näher tritt [58]). Durch eine solche
Datierung unseres Stückes (etwa Ol. 79) erreichen wir zugleich den Vortheil dass
dasselbe von den Ἱκέτιδες weiter abgerückt wird, was darum erwünscht ist weil
in beiden Stücken die Sage von Io, Epaphos und den Danaiden behandelt ist,
nur in dem älteren (Ἱκ.) eigens und ausführlich, im späteren kurz und über-
sichtlich [59]).

54) Und wohl nicht gleich bei dessen erstem Auftreten (Ol. 77, 4), wiewohl schon die Ἑπτά
(Ol. 78, 1) eine Hinneigung zur Dreizahl der Schauspieler verrathen.
55) V. 10. 224. 305. 310. 357. 736 f. 756. 942. 957. 996.
56) Gestorben Ol. 78, 2.
57) Griech. Metrik III. S. xvii f. und S. 180, vgl. 106. 440. 632. Caesar a. a. O. S. 8 ff.
58) Ueber Anderes a. O. Ribbeck, qua Aeschylus arte in Prometheo fabula diversis com-
posuerit. Progr. von Bern. 1859. 14 S. 4. Vgl. H. Weil, Jahn's Jahrbb. LXXIX. S. 721 f. Anm.
59) Vgl. auch (Fr. Passow,) Comm. de anno quo Aesch. Prom. vinctum editus sit, Progr. von
Breslau. Katal. 1823 — 1824. 4.

II. Orestie.

Neuere Literatur.

A. Zur ganzen Trilogie.

1) Ausgaben.

J. Franz, des Aesch. Oresteia, griech. und deutsch u. s. w. Leipz. 1846. 8. Vgl. Prien im Rhein. Mus. N. F. VI. S. 561 ff. VII. S. 370—390. Bamberger, Opusc. S. 218 ff.

2) Erläuterungs-Schriften und Beiträge zur Kritik.

Grieben, de Aesch. Orestia. Cöslin 1826. 4.
F. Tittler, de mente quae subesse videtur deorum certamini trilogiae Aesch. cui nomen Orest. Bresl. 1828. 8.
F. H. Nussbaum, de Aesch. trilogia quae inscribitur Orestea. Halle 1836. 8.
J. F. Martin, obss. critt. in Aesch. Or. Berlin 1837. 4.
Nägelsbach, de religionibus Orestiam continentibus. Erlangen 1843. 4.
R. Rauchenstein, über die vermeinten persönl. Anspielungen in der Orestie des Aesch. Verhandlungen der Basler Philol.-Vers. 1848. 8. 44—51.
G. Hermann, de re scenica in Aesch. Orestea, und dazu F. Wieseler, Gött. gel. Anz. 1854. S. 133—160.
G. F. Gilljam, de Orestia Aeschyli quaestiones. Upsala 1859. 64 S. 8.
R. Westphal, Emendationes Aeschyleae. Bresl. 1859. 16 pp. 4.

3) Uebersetzungen.

J. Franz, s. oben. Minckwitz (Stuttg. 1853). Donner (Stuttg. 1854). C. Th. Gravenhorst (griech. Theater. II. Stuttgart, Cotta 1856).

B. Einzelne Theile.

1) Agamemnon.

a) Ausgaben.

Blomfield, Cantabr. 1818. Lips. 1823. — Klausen, Goth. 1833. — C. G. Haupt, Berl. 1837. — Th. W. Rile, London 1839. — Rec. Paley. Ed. auctior. Cantabrig. 1853.
Griech. und deutsch, mit Anm. von Hartung. Leipz. 1852.
Mit erläuternden Anmerkungen von R. Enger. Leipz. 1855. XXVII und 148 S. 8.
Rec., emend. annotat. crit. adiecit S. Karsten. Trai. ad Rh. 1855. 335 S.
Erklärt von F. W. Schneidewin. Berlin 1856. XXIV und 260 S. 8. Vgl. Kayser, Münchner gel. Anz. 1857. Nr. 65—68.
Rec., adnotationem criticam et exegeticam adiecit H. Weil. Giessen 1858. XVI und 156 S. 8.
Aus Nägelsbach's Nachlass wird Dr. F. List demnächst eine Ausgabe veröffentlichen.

b) **Erläuterungs-Schriften und Beiträge zur Kritik.**

Bamberger, de Aesch. Ag. Braunschw. 1835. 4. = Opusc. p. 37—58. Auch zur Kritik und Erklärung des Ag. Ebend. S. 239 ff.

C. Halm, Lection. Aesch. I. II. München 1835. 1836. 4.

H. F. Zeyss, de sententia quae Ag. Aesch. subest. Gött. 1829. 8.

Nägelsbach, Quaestiones Aeschyleae. Gratulationsschrift zu Thiersch's Jubiläum. Erlangen 1856. 25 pp. 4.

M. Planck, über den Grundgedanken des aesch. Ag. Progr. von Ulm 1859. 24 S. 4.

Fr. Wieseler, Beiträge zur Kritik und Erklärung von Aesch. Ag. und Eum., in Schneidewin's Philologus VII. S. 110 — 146.

Fr. Bamberger, zur Kritik und Erklärung von Aesch. Ag. Ebend. S. 147—160.

G. F. Schömann, Emendationes Ag. Aeschyleae. Vor dem Greifswalder Katalog für Winter 1854 — 1855. 39 S. 4. = Opusc. III. p. 140 — 184. Vgl. Fr. Thiersch, Münchner gel. Anz. 1856. 1. Nr. 9 f. S. 57 — 72.

R. Enger, Observv. in locos quosdam Ag. Aesch. Progr. von Ostrowo 1854. 16 S. 4.

St. A. Boble, de Aesch. Ag. primo chori cantico. Münster 1855. 8.

Donaldson, Notes on the Ag. of Aeschylus. Im Journal of class. and sacred theology (Cambridge) VIII. p. 193—222.

Böger, de primo stasimo Ag. Aesch. Progr. von Königsberg in N. 1856. 17 S. 4.

M. Schmidt in der Zeitschrift für die Alterth.-Wiss. 1857. S. 247 — 257.

R. Rauchenstein, Emendationes in Aesch. Ag. Aarau 1858. 4. 17 S.

C. Panzerbieter, die Chorgesänge in Aesch. Ag., Philologus XII. S. 425 — 453.

E. Wunder, de Aesch. Ag. diss. critica et exegetica. Progr. von Grimma 1857. 31 S. 4. Vgl. Jahn's Jahrbb. LXXVIII. S. 287 f.

J. C. Schmitt, obss. critt. Mannheim 1859. 27 pp. 8.

H. L. Ahrens, Studien zum Ag. des Aesch. 1. Philologus Suppl. I. 2. S. 213 — 304. 4. S. 477 — 534. 5. S. 585 — 640.

B. Todt, Beiträge zur Kritik des Ag., Philologus XV. S. 30 — 49.

L. Peters, zur Kritik und Erklärung des Prologs und der Parodos im aeschyl. Ag. Heiligenstadt 1859. 21 S. 4.

A. Ludwig, zur Kritik des Aesch. Sitzungsber. der Wiener Akad. 1860. S. 399 — 470 (besonders zu Ag. und Choeph.).

e) Uebers. von Conz (Tüb. 1815). W. v. Humboldt (Leipz. 1816. 4., in dessen Werken III). 2. Aufl. Leipz. 1857. 92 S. 8. Hartung 1852.

2) Choephori.

a) Ausgaben.

C. Schwenck, Trai. ad Rh. 1819. — Blomfield, Cantabr. 1824. Leipz. 1824. — F. Bamberger, Gött. 1840.

Hartung (Aesch. Muttermörder u. s. w.), griech. mit metr. Uebers. u. s. w. Leipz. 1853.
Cum interpr. lat. et annot. ed. A. de Jongh. Utrecht 1856. 192 S. 8.
Rec., adnot. crit. et exeget. adiecit H. Weil. Giessen 1860. XVI u. 189 S. 8.

b) Kritische Beiträge und Erläuterungsschriften.

J. V. Westrick, disp. lit. de Aesch. Ch. deque Electra cum Soph. tum Eur. Lugd. B. 1824. 8.
Wissowa, de Ch. Aesch., Soph. et Eur. Elect. Leobschütz 1835. 4.
Feldmann, Aesch. Ch. etc. inter se comparatae. Altona 1859. 4.
Bamberger, opusc. p. 56 — 64. 135 ff. 141 ff.
E. Mehler, de locis quibusdam Aesch. Ch. in Mnemosyne VI. p. 86 — 111.
R. Enger, der Kommos in Aesch. Choeph. Rhein. M. XII. S. 189 — 214.
Nägelsbach in den Abhandl. der Münchner Akad. VIII, 2. p. 457 — 500.
A. Rossbach, de Choeph. locis nonnullis. Bresl. 1859. 19 S. 4.
R. Rauchenstein, Philol. XII. S. 60 — 66.
M. Schmidt im Philologus XIV.
Ty. Mommsen, Rhein. Mus. XV. 584 — 595.

3) Eumenides.

a) Ausgaben.

Cum schol. ed. C. Schwenck, Bonn 1821. — G. Burges, London 1822.
O. Müller, Gött. 1833. Nebst zwei polemischen Anhängen. Gött. 1834. 1835.
G. Hermann, opusc. VI, 2 (1835) und VII.
J. Minckwitz, Lips. 1838. — Erinyen oder Rachegeister, von Hartung, Leipzig 1854.
Ad cod. ms. emendata. Gotha 1857. XXIV und 88 S. kl. 8. Vgl. M. Schmidt, Zeitschrift für Alterth.-Wiss. 1857. S. 468 ff.

b) Erläuterungs-Schriften und kritische Beiträge.

Fr. Passow, Ind. lectt. Breslau 1830. 4.
Rötscher, de Aesch. Eum. ratione et consilio disq. philos. Bromb. 1837. 4.
F. Wieseler, Coniectanea. Gött. 1839. Vgl. Schneidewin's Philologus VII.
R. Rauchenstein, zu den Eum. des Aesch. Aarau 1846. 4. 34 S. Emendationes in Aesch. E. Aarau 1855. 16 S. 4.
E. Wunder, de Aesch. Eum. comm. critica et exegetica. Grimma 1854. 32 S. 4. Vgl. Kayser, Münchner gel. Anz. 1855. I. Nr. 10 — 12. S. 77 — 91.
B. Todt, zu Aesch. E., Philologus XV. S. 205 — 228.
H. Weil, die Parodos in Aesch. Eum., Rhein. Mus. XVI. S. 196 — 209.
J. Bachofen, das Weiberrecht, in den Verhandlungen der Stuttg. Philologenvers. 1856, so wie selbständig, Stuttgart 1861.
B. Schultze, de re scenica in Aesch. Eum. Progr. von Culberg 1859. 26 pp. 4.
c) Uebers. von Conz (Zürich 1811). R. Kopisch (Berl. 1845. 8). O. F. Schömann (Greifswalde 1845).

Die Orestes-Trilogie, Ὀρέστεια [1]), umfasst bekanntlich die Stücke Ἀγαμέμνων, Χοηφόροι, Εὐμενίδες, wozu noch das Satyrdrama Πρωτεύς kam, und wurde aufgeführt und mit dem ersten Preise gekrönt unter dem Archon Philokles Ol. 80, 2 = 458 v. Chr., wobei Xenokles von Aphidnae die Kosten bestritt [2]); sie ist in hohem Grade wichtig als die einzige auf uns gekommene Trilogie, die uns freilich zum Theil in sehr verderbter und auch (besonders Choeph.) in lückenhafter Gestalt überliefert ist. Ausser diesem literarhistorischen Interesse haben die Stücke aber auch für sich genommen einen sehr hohen Kunstwerth; der Agamemnon namentlich ist ohne Zweifel nicht nur das vollendetste unter den Stücken des Aeschylos, sondern überhaupt das Gehaltvollste, Gedankenreichste und Tiefste was uns aus dem hellenischen Alterthum erhalten ist.

Zu Anfang dieses ersten Stückes der Trilogie sehen wir den Wächter welchen Klytaemnestra aufgestellt hat um des Feuerzeichens zu warten das als letztes Glied einer Kette von Signalen die Eroberung von Ilion melden soll und dessen er jetzt endlich gewahr wird (Πρόλ. 1—39). In Folge dessen lässt Klytaemnestra allenthalben Dankopfer darbringen, nach deren Veranlassung der aus argeiischen Greisen von hohem Range bestehende Chor fragt, am Schlusse eines Liedes voll tiefsinniger Betrachtungen und namentlich mit einer hochpoetischen Schilderung von Iphigeneias Opferung zu Aulis (Πάροδος 40—263). Zur Antwort theilt ihnen Klytaemnestra die Neuigkeit von Ilion's Fall mit und beschreibt den Weg auf welchem sie diese Kunde erhalten (Ἐπεισόδ. I. 264—354). Der Chor spricht seinen Dank gegen die Götter aus, legt in der Verschuldung des Paris die Berechtigung des Krieges dar, kann aber in Bezug auf die Beendigung desselben weder alle Besorgnisse noch alle Zweifel unterdrücken (Στάσ. I. 355—487). Um letztere zu beschwichtigen verweist Klytaemnestra auf den Herold der von Ilion selbst herkommt. Dieser grüsst bewegt die Heimat und verkündigt die nahe Rückkunft des sieggekrönten Agamemnon, dessen Glück er in überschwänglichen Wendungen preist. Klytaemnestra trägt ihm auf den Agamemnon ihrer unverbrüchlichen Treue zu versichern, und der Chor erkundigt sich nach dem Schicksale des Menelaos (Ἐπεισόδ. II. 488—680). So völlig überzeugt besingt der Chor (Στάσ. II) das Verderben welches Helena über das Haus des Priamos gebracht (680—781) und heisst den anlangenden Agamemnon aufrichtig willkommen (782—809). Agamemnon bringt zuerst den Göttern seinen Dank dar, erwidert dem Chore freund-

---

1) Aristoph. Ran. 1124 mit Schol.
2) Ἐχορήγει, Arg. des Cod. Med.

lich und geht dann auf sein Haus zu. Hier begrüsst ihn Klytaemnestra in geschraubter, gekünstelter Rede und drängt ihm übertriebene Ehrenbezeugungen auf, welche Agamemnon nach langem Widerstreben endlich mit innerem Bangen annimmt ('Επεισόδ. III. 810—974). Auch der Chor ahnt ein Unglück (Στάσ. III. 975—1034). Die von Agamemnon als Sklavin mitgebrachte Königstochter und Seherin Kassandra ist ihrem Herrn nicht in den Palast hinein gefolgt; Klytaemnestra kommt daher sie nachzuholen; aber Kassandra bleibt stumm und scheint sie nicht zu verstehen. Wie jedoch Klytaemnestra ins Haus zurückgekehrt ist bricht die Seherin in Weherufe aus, weissagt die Greuel die in diesem Hause vor sich gehen werden, Agamemnon's und ihre eigene Ermordung, aber auch dass ein Rächer kommen werde (V. 1035—1330). Kaum hat in Folge dessen der Chor den unglücklichen Agamemnon zu beklagen angefangen, so hört man auch schon den Schrei des tödtlich Getroffenen, und der Chor erhält alsbald die verlangte volle Gewissheit (1331—1371) durch Klytaemnestra, welche blutbespritzt, mit dem Mordbeile in der Hand, heraustritt, die Leichen von Agamemnon und Kassandra auf die Bühne bringen lässt, und ganz unverhohlen und frohlockend ihre That erzählt. Den schaudernden Chor bedroht sie, verweist auf Aegisthos, und geht auf alle Betrachtungen über den Mord und dessen Beweggründe ein (1372—1576). Da kommt auch Aegisthos, berühmt sich seines Antheils am Morde und bezeichnet ihn als gerechte Strafe für die Verschuldung von Agamemnon's Vater Atreus gegen Thyestes, den Vater des Aegisthos, und diesen selbst. Die Vorwürfe des Chors erwidert er mit Drohungen. Der Streit steigert sich zu thätlichem Kampfe, und mit diesem offenen Widerstande gegen Klytaemnestra und Aegisthos und dem Ausblick auf Orestes schliesst das Stück (1577—1674).

Was hier verkündet und gehofft wird, das finden wir erfüllt in dem zweiten Gliede der Trilogie, den Choephoren. Orestes kommt mit seinem Freunde Pylades nach Argos, um mit den Mördern seines Vaters Abrechnung zu halten. Sein erster Gang ist zum Grabe desselben, auf dem er eine Locke weihend niederlegt. Sie verbergen sich aber, als sie einen Zug schwarzgekleideter Frauen nahen sehen. Es ist der Chor, alte treue Dienerinnen des Hauses von Agamemnon, und mit ihnen Elektra, welche kommen um auf Klytaemnestra's Geheiss, die durch einen bösen Traum erschreckt worden ist, den Gemordeten durch Spenden zu beschwichtigen. In ihnen lebt der Schmerz um den vom Volke fast schon vergessenen Agamemnon in ungeschwächter Kraft noch fort, und die Unruhe der Mörderin lässt sie hoffen dass der Rächer nicht mehr lange ausbleiben werde (Πάροδ. V. 22—83). Und statt den Todten zu besänftigen beten sie an dessen Grabe um

Rache und um Orestes' Heimkehr. Da gewahrt Elektra die Locke, und da ihre Gedanken ohnehin schon auf Orestes gerichtet sind so wird sie durch die Aehnlichkeit mit ihrem eigenen Haare, wie durch das Interesse das sich in dieser Widmung für den Gemordeten kundgibt, endlich durch das Zutreffen der Fussstapfen auf den Gedanken gebracht dass die Locke von Orestes herrühre. Wie sie noch schwankt zwischen Hoffnung und Furcht, tritt Orestes selbst hervor, gibt sich ihr zu erkennen und erzählt dass das Orakel des Apollon ihm befohlen habe das Blut seines Vaters zu rächen (Ἐπεισόδ. I. 84—305). Jetzt erheben sie gemeinschaftlich die Todtenklage und erhitzen sich durch Vergegenwärtigung der einzelnen Umstände des Mordes zu immer glühenderem Verlangen nach Rache (306—478). Auch durch die Erzählung von Klytaemnestra's Traum in seinem Vorhaben bestärkt theilt Orestes seinen Plan mit (479—584), und der Chor freut sich dass Klytaemnestra endlich den Lohn ihrer Vermessenheit finden werde (Στάσ. II. 585—652). Die Ausführung beginnt: Orestes begehrt Einlass im Hause der Klytaemnestra und gibt sich vor ihr für einen Phokeer aus, der auf seiner Reise nach Argos von Strophios (dem König von Phokis und Vater des Pylades) den Auftrag mitbekommen habe den Angehörigen des Orestes dessen Tod zu melden und wegen seiner Bestattung anzufragen. Klytaemnestra heuchelt einigen Schmerz und schickt nach Aegisthos, um auch diesem die Nachricht mitzutheilen. Sie will dass derselbe für alle Fälle Bewaffnete mitbringe, was aber der Chor zu hintertreiben weiss (653—782), der die Götter um Unterstützung des Werkes von Orestes anfleht (Στάσ. III. 783—837). Wirklich gelingt es: Orestes tödtet zuerst den Aegisthos und dann — nach einem Augenblicke Schwanken — auch seine Mutter (838—930). Der Chor versagt zwar auch diesen Todten seine Theilnahme nicht, hauptsächlich aber jubelt er dass dem Agamemnon sein Recht geworden und nach langem Dunkel ein Licht aufgegangen ist (Στάσ. IV. 931—972). Orestes kommt mit den Werkzeugen womit einst sein Vater tückisch gemordet wurde, sucht seine eigene That durch die Berufung auf Apollon, der ihn dazu getrieben, zu rechtfertigen, sieht aber auch schon die Erinyen auftauchen die ihn wegen seines Muttermordes verfolgen, und will sich vor ihnen zum Heiligthum des Apollon nach Delphi flüchten, wohin er begleitet von den Segenswünschen des Chors abgeht (973—1076).

An diesem Orte und umringt von den Erinyen, welche hier den Chor bilden, erblicken wir ihn zu Anfang des dritten Stückes der Trilogie, in den Eumeniden. Der Pythia sogar schaudert vor dem blutbefleckten Befrager und seinem furchtbaren Gefolge, und sie überlässt ihn dem Apollon selbst, der ihm seinen Schutz verspricht und ihn nach Athen entsendet, wo seine Leiden ein Ende finden werden. In Begleitung des Hermes macht er sich dahin auf, unangefochten von den Erinyen, die er in der Vorhalle des Apollontempels schlummernd zurückläsat. Klytaemnestra's Schatten weckt sie aber, und von Apollon aus seinem Tempel gewiesen eilen sie davon, um den ihnen Entflohenen aufzusuchen. Sie treffen ihn zu Athen, am Bilde der Pallas, und treten vergebens seiner Anrufung der Göttin entgegen: Athene erscheint, vernimmt die Anklage der Erinyen und des Orestes Vertheidigung, und überträgt mit Zustimmung der Klägerinnen die schwierige Entscheidung einer Anzahl auserlesener Bürger ihrer Stadt. Vor diesen — dem Areopag — führen die Parteien ihre Sache; es ergibt sich unter den Richtern Stimmengleichheit, und Athene entscheidet denn zu Gunsten des Beklagten, der dankend und segenwünschend die Stadt verlässt. Die Erinyen aber sind über diese Entscheidung erbittert, und nur mit Mühe gelingt es der Athene sie dadurch zu besänftigen dass sie in ihrem eigenen Gebiet ihnen ein Heiligthum anweist. Hiedurch versöhnt spenden sie zuletzt selbst auch der Stadt ihren Segen und verwandeln sich für sie in Eumeniden. Das Stück schliesst mit einem feierlichen Zuge der diese Göttinnen in ihr neues Heiligthum geleitet.

Diese Trilogie bietet in ethischer, politischer und ästhetischer Hinsicht der Betrachtung eine Fülle von Gesichtspunkten dar. Die ethische Seite hat ausser Nägelsbach, de religionibus Orestiam Aeschyli continentibus, Erlanger Progr. 1843, besonders G. F. Schömann in der Einleitung zu seiner Uebersetzung der Eumeniden in fast erschöpfender Weise dargelegt (S. 1—51); den politischen Standpunkt hat namentlich O. Müller in seiner berühmten Bearbeitung des nämlichen Stückes hervorgekehrt (S. 115—125), und über das Aesthetische finden sich z. B. vor W. v. Humboldt's Uebersetzung des Agamemnon, in Welcker's Trilogie (S. 445—452), Droysen's Uebersetzung der aeschylcischen Stücke (S. 192—230), Schneidewin's Ausgabe und sonst, mehr oder weniger reichhaltige Bemerkungen. Wir begnügen uns nach den verschiedenen Seiten hin wenigstens die Hauptsachen hervorzuheben.

Was zuerst das Ethische betrifft so enthält die Trilogie eine Reihe von Problemen dieser Art. Im Agamemnon ist der Tod des Titelhelden der Mittelpunkt eines solchen. Agamemnon fällt nicht rein unschuldig, sondern er büsst einmal eine alte Schuld seines Hauses, die der cena Thyestea [3]), sodann auch eigene, bestehend theils in Iphigeniens Opferung theils darin dass er Kriegsmann

---

3) Ag. 1188 ff. 1216 ff. 1468 ff. 1500 ff. 1589 ff.

ist und Vieler Leben auf dem Gewissen hat, so wie manche Ausschreitung wie der Krieg sie mit sich bringt [4]). Aber zu dem was er erleidet steht diese Verschuldung in keinem Verhältniss; es bleibt ein in Schuld nicht aufgehender Ueberrest, der nur durch den Vollzug der Rache an seinen Mördern getilgt wird; diese Rache ist daher sittlich geboten. Andererseits nehmen aber auch seine Mörder eine gewisse Berechtigung zu ihrer Handlungsweise für sich in Anspruch. Klytaemnestra beruft sich auf jene Schuld des Hauses und des Agamemnon, um den Mord von sich ab auf das Schicksal zu wälzen, dessen willenloses Werkzeug sie gewesen sei [5]), so wie auf Iphigeniens Opferung und Kasandra's Bevorzugung durch Agamemnon; und es scheint durchaus nicht als ob nach des Dichters Meinung diese Art von Begründung bloser Vorwand wäre zu Beschönigung des eigentlichen Beweggrundes, ihres ehebrecherischen Verhältnisses zu Aegisthos; wenigstens hält Aeschylos in seiner keuschen Weise letzteres Motiv in einem absichtlichen Halbdunkel, lässt die Handelnden selbst diese Motivierung völlig von sich ablehnen und in ihrem Thun und Reden Alles vermeiden woraus dieselbe Nahrung ziehen könnte. Denn auch Aegisthos behauptet nur um alte Kränkungen zu rächen Klytaemnestra bei ihrer That unterstützt zu haben. Wohl aber ist des Dichters Ansicht die, dass zu einer so grellen Verletzung der Pflichten gegen den Gatten und die Kinder alle jene Beweggründe bei Weitem nicht ausreichen; auch hat Klytaemnestra durch ihr unmütterliches Benehmen gegen ihre Kinder [6]) das Recht verscherzt sich auf Agamemnon's Verschuldung gegen Iphigeneia zu berufen, und durch ihr Verhältniss zu Aegisthos die Berechtigung ihrem Gatten sein Verhältniss zu Kasandra zum Vorwurf zu machen, sie hat also weder ein objectives noch ein subjectives Recht gegen Agamemnon [7]). Ebenso wenig behauptet sie mit Recht dass ihre Willensfreiheit bei dem Acte aufgehoben gewesen sei [8]). Aber das Verhältniss zwischen Schicksalsbestimmung und individueller Willensfreiheit bildet immerhin im Agamemnon mit die ethische Schwierigkeit, wogegen die beiden folgenden Stücke eine sittliche Antinomie, eine unlösbare Collision der Pflichten zu ihrem Gegenstande haben. Es ist keine Frage dass nach altem Rechte Orestes die Pflicht hat das Blut seines Vaters an dessen Mördern zu rächen, und wenn er dieser Pflicht sich entzöge so würde er schwere Schuld sich aufladen und den

---

4) Ag. 527 f. 1338 ff. 1397 f. 1415 ff. 1432 ff. 1528 ff. 1555 ff. Vgl. M. Planck S. 6—28.
5) Ag. 1496 ff., vgl. Choeph. 910.
6) Vgl. Choeph. 190 f.
7) Vgl. Ag. 1260 ff. 1439 ff. und Choeph. 918.
8) Ag. 1505 ff.

harten Strafen verfallen die ihm Apollon angedroht hat⁹). Aber ebenso gewiss ist dass Orestes, wenn er dieser Pflicht genügt und die eigene Mutter tödtet, eine mindestens ebenso schwere Schuld sich zuzieht ¹⁰). So steht Pflicht gegen Pflicht, Schuld gegen Schuld; er mag handeln wie er will so versündigt er sich ¹¹). Er entscheidet sich für Apollon und bekommt dadurch die Erinyen zu unversöhnlichen Feinden. Dass Orestes in gutem Glauben gehandelt, dass er nur einer Pflicht zu genügen meinte indem er seine Mutter erschlug, wird hiebei nicht in Betracht gezogen; die Erinyen stellen die objective Furchtbarkeit und Naturwidrigkeit der That dar, die immer sich gleich bleibt und durch die subjectiven Beweggründe keine wesentliche Aenderung erleidet; sie verfolgen daher ihr Recht auf ihn mit unbeugsamer Starrheit. Ihnen steht Apollon gegenüber, der den Orestes zu seiner That angetrieben hat, also dafür mitverantwortlich ist, wiewohl hiedurch auch des Orestes Wahlfreiheit nicht aufgehoben war ¹²). So verwandelt sich der Widerstreit der sittlichen Forderungen in einen Streit der Götter, von denen die Erinyen als alte den jüngeren olympischen gegenübergestellt werden. Die Form in welcher die Lösung bewirkt wird ist die einer Gerichtsverhandlung, bei welcher die Erinyen die Stelle der Kläger vertreten, Apollon den Zeugen und Anwalt für Orestes macht, dieser selbst aber in demselben Verhältnisse zurücktritt als die Bedeutung des Streites über seine Person hinausgeht und derselbe zu einem Principienstreite wird. Bei der Abwägung von Berechtigung und Verschuldung des Orestes ergibt sich dass beide einander das Gleichgewicht halten, was durch die Stimmengleichheit unter den Richtern dargestellt wird. Wo aber das strenge Recht selbst zweifelhaft ist, da gibt die Gnade den Ausschlag: Orestes wird durch Athene für straffrei erklärt. Keine der beiden Parteien kann so sich den Sieg zuschreiben, und keine ist die besiegte. Beider Recht ist anerkannt, aber als ein einseitiges, als nur die eine Hälfte der Wahrheit. Die Lösung ist so eine ethisch befriedigende, obwohl die Ausstellung ¹³) ihre unbestreitbare Richtigkeit hat, dass der innere Unterschied zwischen der That der Klytaemnestra und der des Orestes, die Verschiedenheit der beiderseitigen Beweggründe, nicht klar und scharf genug herausgearbeitet sei ¹⁴), was seinen Grund vielleicht darin

---

9) Choeph. 276 ff.
10) Vaterrecht und Mutterrecht stehen einander gegenüber; s. Bachofen a. a. O. S. 45 ff.
11) So oder so verletzt Orestes die Erinyen, Choeph. 288 f.
12) Ag. 1029 ff. Eum. 84. 199 ff. 465 ff. 579 f.
13) O. Müller, Lit.-G. II. B. 104, vgl. Schömann S. 35.
14) Sonst müsste Orestes in günstigerem Lichte erscheinen im Vergleich mit Klytaemnestra.

hat dass dem Dichter der Blick für die individuelle Zurechnung durch den Schicksalsbegriff getrübt war, durch welchen die eine Handlung wie die andere ebenso als unfrei wie als Ausfluss der Selbstbestimmung erschien [15]).

Neben seiner ethischen Bedeutung hat besonders das Schluss-Stück (Eum.) auch eine politische Tendenz. Nicht nur dass es im Allgemeinen auf die Verherrlichung Athens abzielt und deshalb die Segenswünsche an seinem Schlusse einen Raum einnehmen welcher mehr ihrer Bedeutung für das Gefühl des Dichters als ihrem Verhältnisse zur Handlung entspricht; sondern es verfolgt auch innerhalb Athens selbst die bestimmte Tendenz gewisse Einrichtungen, insbesondere die Macht des Areopag, zu verfechten, welche gerade in der damaligen Zeit durch Perikles gefährdet war. Indessen steht es nicht fest ob zur Zeit der Aufführung der Orestie der betreffende Vorschlag des Ephialtes noch in der Erörterung begriffen war (somit der Dichter noch hoffen konnte auf die Entscheidung Einfluss zu üben) oder bereits Gesetzeskraft erhalten hatte; aber auch wenn das Erstere der Fall war, darf man sich nicht vorstellen dass die Vertheidigung des Areopag der Zweck der ganzen Trilogie wäre. Vielmehr wählte Aeschylos diesen Stoff weil er „ihn ächt tragisch und zur Darstellung ewiger Ideen geeignet fand; gab er ihm zugleich Gelegenheit zu speciellen politischen Beziehungen, so benutzte er diese seinem Sinne gemäss; aber seine Poesie nur zum Werkzeuge seiner Politik zu gebrauchen lag gewiss nicht in seinem Sinne" [16]).

Betrachten wir endlich die Orestie auch noch als Kunstwerk, so muss dabei hauptsächlich das Verhältniss der drei Theile der Trilogie zu einander, so wie die Anlage der einzelnen Tragoedien zur Sprache kommen, ausserdem die Charakterzeichnung, der Ton und sonstige Eigenthümlichkeiten der drei Stücke.

Hinsichtlich des ersten Punktes, der trilogischen Gliederung, fällt es in die Augen dass die drei Stücke zusammen ein fortlaufendes Ganzes bilden, dessen Theile nur durch grössere Zwischenräume der Zeit (und des Ortes) von einander getrennt sind als zwischen Scenen desselben Drama's der Fall zu sein pflegt [17]). Zwischen dem Agamemnon und den Choephoren liegen einige Jahre in der Mitte, während welcher Orestes zum jungen Manne herangewachsen ist; zwischen den Choephoren und Eumeniden aber liegt nur so viel Zeit als nöthig ist

---

15) Auch was Choeph. 901 ff. vgl. 275 über Orestes' Beweggründe zu seiner That gesagt ist wirkt mehr störend als aufhellend.
16) Schömann S. 103.
17) Welcker, Tril. S. 445.

mit von Argos nach Delphi zu fliehen, der Zwischenraum ist also nicht viel grösser als zwischen Eum. 234 und 235, wo die Scene jählings von Delphi nach Athen verlegt wird. Dabei ist der innere Zusammenhang, die Stetigkeit und der Fortschritt der Handlung, die Entwicklung aus dem einmal gesetzten Principe und Grundgedanken heraus in der Trilogie nicht viel kleiner als innerhalb eines einzigen Stückes. Der Agamemnon für sich genommen wäre nur eine Darstellung des Neides der Gottheit gegen übermässiges Glück [18]), da die Verschuldung des Helden keine solche ist dass sie mit seinem Unglück im Verhältniss stände; was ihm angethan wird ist daher ein Unrecht (in subjectivem, so wie auch im objectiven Sinne) welches Sühne erheischt. Diese Sühne des im Agamemnon begangenen Unrechts erfolgt in den Choephoren, und erst mit diesen ist sonach die Handlung des Agamemnon ethisch abgeschlossen, das sittliche und rechtliche Gefühl — so weit es sich auf die Ermordung des Agamemnon bezieht — beruhigt. Dieser innere — gleichsam begriffliche — Zusammenhang zwischen den beiden Stücken tritt auch äusserlich klar genug hervor: nicht nur Kasandra sondern auch der Chor weist (im Agamemnon) auf das Kommen des Orestes hin, um dem Gemordeten wie dessen Mördern ihr Recht angedeihen zu lassen; und das Auftreten des Aegisthos wie der Klytaemnestra am Schlusse des Agamemnon ist von der Art dass die Dike aufs Gröblichste herausgefordert wird und eine wehlthuende sittliche Dissonanz sich ergäbe wenn nicht ein Stück nachfolgte in welchem jene Rechtsverletzungen durch Bestrafung gesühnt werden. Und wie der Agamemnon zu seiner ethischen Vervollständigung das Nachfolgen der Choephoren erfordert, so wären die Choephoren selbst wiederum nicht befriedigend und nicht vollständig ohne die Eumeniden. Wenn gleich Orestes nach den alten Begriffen nicht nur berechtigt sondern verpflichtet war die Ermordung seines Vaters zu rächen, und wenn gleich nur das Blut der Mörder eine dem Brauche ganz genügende Sühne bildete, so war und blieb diejenige an welcher Orestes diese Pflicht der Rache übte doch seine Mutter, so verletzte er durch seine Erfüllung einer (vermeintlichen) sittlichen Pflicht doch ein unantastbar heiliges Naturgesetz, begieng somit etwas das selbst wiederum einer Ausgleichung und Sühne bedurfte. Auch hier wieder hat der Dichter die begriffliche Zusammengehörigkeit der Choephoren und Eumeniden sehr deutlich gemacht: wie der Inhalt der Choephoren durch Kasandra im Agamemnon geweissagt wird, so der Inhalt der Eumeniden durch den Schluss der Choephoren [19]), wo nicht nur die ganze Reihe von Verschuldungen im Hause des

---

18) Welcker, Tril. S. 445 f.   19) Choeph. 1065 ff.

Atreus von diesem Ahnen bis auf Orestes recapituliert wird, sondern auch ausdrücklich hervorgehoben [20]) dass das μένος ἄτης noch immer nicht zur Ruhe gebracht sei, somit direct auf die Nothwendigkeit weiterer Sühne hingewiesen ist; und ebenso wird die ganze Handlung der Eumeniden am Schlusse der Choephoren theils begonnen theils vorbereitet. Begonnen wird die Flucht des Orestes zum Heiligthum des Apollon und die Verfolgung desselben durch die Erinyen; vorbereitet das in den Eumeniden abgehaltene Gericht, für welches Orestes noch in den Choephoren [21]) Entlastungszeugen zu gewinnen bemüht ist.

So bilden die drei Stücke der Trilogie in Wahrheit nur ein einziges Drama, dessen einzelne Theile einander gegenseitig voraussetzen, auf einander verweisen und zurückdeuten, und das sich von einer einzigen Tragoedie nur durch seine grösseren Dimensionen unterscheidet, so wie durch die Vollständigkeit womit die eine Grundidee erschöpft, die Manchfaltigkeit womit sie nach Inhalt und Form ausgeführt wird. Denn auch hinsichtlich der Art der Behandlung dienen die drei Stücke einander gegenseitig zur Ergänzung [22]). Im Agamemnon ist die Behandlung vorherrschend episch, in den Choephoren überwiegend lyrisch, aufs Ohr berechnet, und in den Eumeniden erhält das Auge die meiste Befriedigung durch das Viele was ihm geboten wird (Erinyen, Gerichtsscene, Aufzug); im Agamemnon Glanz und Unglück, Pracht und Schuld, in den Choephoren Kummer und Rache, in den Eumeniden Qual und Erlösung, Angst und Segen. Indem so die einzelnen Tonarten an die einzelnen Stücke vertheilt werden kann jede um so voller, kräftiger und eigenthümlicher angeschlagen werden, und das Gesammtergebniss ist dann eine desto inhaltsreichere Symphonie, der Gesammteindruck desto vollständigere Befriedigung und Sättigung des ganzen Menschen.

Innerhalb der einzelnen Tragoedien lässt sich wieder dieselbe Anlage und Oekonomie beobachten welche Aeschylos gewöhnlich einhält: jede zerfällt in drei Acte. Der Agamemnon ist in seinem ersten Theile von Siegesjubel erfüllt, aber schon hier durchzogen von einer leisen Unglücksahnung. Der Druck eines unaussprechbaren Geheimnisses lastet von Anfang auf dem Stücke und tritt schon in den Reden des Wächters hervor, noch beängstigender aber durchzittert er die Gesänge des Chors [18]); eine dumpfe Schwüle bildet die Atmosphäre des Stückes,

---

20) In Form einer Frage, auf welche eben die Eum. die Antwort sind.
21) Choeph. 987. 1010 ff. 1040 ff.
22) G. Hermann, opusc. II. p. 311. Vgl. auch Droysen S. 214 f.
23) Ag. 547 ff. vgl. 975 ff. 1105 f. 1188 ff.

und immer dichter zieht sich das Gewölk über dem Haupte des Helden zusammen, bis es sich endlich in ein furchtbares Gewitter entladet. Die Scene zwischen Kasandra und dem Chore bildet den Höhepunkt des Stückes; von dieser an geht es abwärts, und auch der Ton erreicht nicht mehr die frühere Erhabenheit [24]). An ergreifenden Situationen ist dieses Stück reich, wohin namentlich diejenige gehört in welcher Kasandra im Vordergrunde in erschütternde Wehrufe ausbricht, während hinter der Scene Klytaemnestra ihre blutige That verübt. Eine besondere Zierde des Stücks sind auch die Chorlieder, die an Tiefe der Gedanken und Grossartigkeit des Ausdrucks in der ganzen hellenischen Literatur unübertroffen dastehen [25]).

Dem Agamemnon stehen an poetischem Werthe die Choephoren weit nach; der Ton wird in der Niederung festgehalten in welcher die letzten Theile des Ag. ihn gelassen haben, und hat durchgängig etwas Gedrücktes an sich. Reden und Gesänge nehmen den grössten Theil des Stückes ein; so die Todtenklage um Agamemnon, und auch nach dem Acte der Rache beginnen die Worte von Neuem sich zu dehnen. Dadurch erhält das Stück eine gewisse Einförmigkeit. Die Gliederung ist einfach: der erste Theil umfasst das Zusammentreffen zwischen Orestes und Elektra, somit die Einleitung der Rache (1—314), der zweite die Todtenklage und die Darlegung von Orestes' Plan (315—652), der dritte die Ausführung dieses Planes sammt den Betrachtungen über die vollbrachte That (653—1076). Von der Vollstreckung der Rache wird der eigentliche blutige Theil hier, wie im Agamemnon, hinter die Scene verlegt, nachdem auf der Bühne dazu so weit alle Vorbereitungen getroffen sind dass es nur noch des Todesstreiches selbst bedarf, wie namentlich der Tödtung von Klytaemnestra ein sehr bewegter Dialog vorausgeht, wobei Orestes durch die Vorstellungen der Mutter einen Augenblick schwankend wird und Pylades um Rath fragt, der dann durch Erinnerung an den Spruch des Apollon seinem Freunde die alte Festigkeit des Entschlusses zurückgibt. Bemerkenswerth und für die poetische Oekonomie des Aeschylos bezeichnend ist die drollige Scene zwischen dem Chor und Orestes' Amme Kilissa, welche einestheils positiv in die Handlung eingreift, indem dadurch verhütet wird dass Aegisthos mit Bewaffneten kommt und so der Plan des Orestes mindestens verschoben, wo

---

24) Die strenge Gesetzmässigkeit und Eurythmie in der Gliederung des dramatischen Recitativs bei Aeschylos hat am Agamemnon nachgewiesen H. Weil in Jahn's Jahrbb. LXXIX. S. 721—731.

25) Z. B. V. 160 ff. 750 ff.

nicht gar scheitern gemacht würde. Diese fast komische Scene steht unmittelbar
vor der blutigen Katastrophe, und ist darauf berechnet, um die andere Seite der
Sache — den Zuschauer in der Spannung, welche die Nähe der rächenden That
erregt zu erleichtern und einen pathologischen Eindruck desselben zu verhindern.
Durch jene Scene in eine beruhigte, ja heitere Stimmung versetzt kann der Zuschauer nun mit freiem, klarem Gemüte und ohne etwas von den Motiven zu
übersehen die folgende Schreckensscene sich vor Augen führen lassen. — Besonderes
Interesse gewinnen die Choephoren dadurch, dass sie einen Stoff behandeln, welchen wir auch von Sophokles und Euripides (in deren Elektren) bearbeitet besitzen und somit die Eigenthümlichkeit der drei grossen Tragiker an demselben
Gegenstande messen und vergleichen können, von welcher Gelegenheit auch schon
reichlicher Gebrauch gemacht worden ist. Am vollendetsten erscheint dabei die
Bearbeitung des Sophokles, die vielleicht auch die späteste von den dreien ist [*]),
so dass er in der Lage war, die Mängel seiner Vorgänger zu vermeiden und deren
Vorzüge zu übertreffen. Von Euripides hat er sich dabei das Rhetorische und
Rührende der Behandlung angeeignet, namentlich bei Ausmalung der Leiden der
Elektra, für welche es höchste Zeit ist dass Orestes erscheint, ehe sie noch ihren
Bedrängern erliegt. Dass Euripides bei seiner Bearbeitung nur die des Aeschylos, nicht aber die des Sophokles, schon vor sich hatte ist zu folgern, theils aus
der grossen Schwäche der seinigen, vermöge der wir an seinem Urteile und Verstande irre werden müssten wenn er seine Elektra nach der viel vollkomm-
neren sophokleischen dem Publikum vorzuführen gewagt hätte, theils daraus dass
die Elektra des Euripides ganz unverkennbare kritisirende Bemerkungen gegen
die Choephoren enthält, besonders V. 527 ff. gegen die Art wie bei Aeschylos in
Elektra eine Ahnung von der Nähe ihres Bruders erregt wird, wogegen Beziehungen auf die Elektra des Sophokles sich nicht erkennen lassen. Ausser, dass
dass Euripides die Erkennung zwischen Elektra und Orestes genauer, oder wenigstens umständlicher motivirt und Elektra's Lage rührender beschreibt, lässt er
die Tragoedie in gut bürgerlicher Weise mit einer Hochzeit, zwischen Pylades
und Elektra, schliessen.

Die Eumeniden zerfallen gleichfalls in drei Theile: zuerst die Scene in
Delphi, im Tempel des Apollon, der ihn nach Athen weist, wohin die Erinyen
dem Orestes nachfolgen, und die Verabredung des Gerichts (V. 1—489), sodann
das Gericht selbst (490—777), endlich dessen Folgen, die Beschwichtigung der

---

28) Vgl. Gruppe, Ariadne S. 453 ff.

Erinyen durch Athene und Verwandlung derselben in Eumeniden (778—1047). Im ersten Theile ist merkwürdig wie rasch die Scene von Delphi nach Athen verlegt wird [27]); die Mittelscene, das Gericht, war auf den Geschmack der Athener [28]) berechnet, wie denn namentlich bei Euripides (und Aristophanes) solche Gerichtsverhandlungen häufig genug vorkommen; der Schluss imponierte durch seine Pracht und Feierlichkeit und die unmittelbare Anknüpfung an den attischen Eumenidencultus; die Dehnung dieses letzten Theiles zeigt wie gern der Dichter sich in dem Geleise der Segenswünsche für seine Heimat bewegt. Einen Mangel der Anlage, dass bei dem Gerichte über die That des Orestes der Kern der Frage, die Motive des Handelnden, nicht in ein klares Licht gerückt ist, haben wir schon berührt. Der Grund aus welchem V. 662 ff. Athene sich zu Gunsten des Angeklagten entscheidet [29]) hat nicht viel sittlich Ueberzeugendes und trägt mehr den Charakter einer epigrammatischen Pointe an sich als den einer ethischen Lösung. Auch finden sich in dem Stücke viele Wiederholungen, namentlich in Beziehung auf den Areopag und die Schuld des Orestes. Dahin gehört aber nicht dass in einem Gesange der Eumeniden zweimal die gleiche Strophe wiederholt wird [30]), was vielmehr ein sehr glücklich gewähltes Mittel ist um das starre, durch alle Gegenvorstellungen ungemilderte, beim ersten Worte beharrende Fortstürmen der Erinyen zu zeichnen. Ueberhaupt enthält dieses Schluss-Stück, namentlich in dem Theile der dem Chore in den Mund gelegt ist, viele schöne, warmgefühlte und tiefgedachte Partieen.

Unter den Charakteren ist im Agamemnon Klytaemnestra ebenso grossartig angelegt wie fein gezeichnet, ein schauerliches Bild tückischer Verruchtheit. Längst schon, angeblich seit Iphigeniens Opferung, ist sie ihrem Gemahl innerlich fremd geworden, hasst ihn [31]) und ist entschlossen ihn aus dem Wege zu räumen [32]). Nur um von der Rückkunft ihres Gemahls nicht überrascht zu werden und ihre Vorbereitungen treffen zu können hat sie einen Wächter aufgestellt, auf das verabredete Feuerzeichen zu warten. Als dasselbe Ilion's Fall verkündigt ordnet sie Dankopfer an, lässt aber die Frage des Chors [33]) nach der Bedeutung

---

27) Zwischen V. 234 und 235, ohne Unterbrechung der Trimeter, gleichsam im Handumkehren.
28) Deren φιλοδικία fast sprüchwörtlich war.
29) Dass (unter den Erzeugern) für den Sohn der Vater eine grössere Wichtigkeit habe als die Mutter.
30) Eum. 779—793 = 808—822; 837—847 = 870—880.
31) Vgl. V. 1374 f.   32) Ag. 1377 f.
33) Ag. 83 ff.

dieser Veranstaltungen lange unbeantwortet: sie muss sich erst fassen, den Eindruck der Nachricht in sich verarbeiten, ihre heuchlerische Rolle einstudieren. Dennoch kann sie es nicht über sich gewinnen über die Kunde welche der Herold bringt, dass der siegreiche Agamemnon bald eintreffen werde, Freude zu äussern; sie bleibt wieder stumm, und erst auf des Chors ausdrückliche Aufforderung lässt sie Agamemnon durch den Herold ihrer Freude und Treue versichern. Auch dem Angekommenen kann sie lange sich nicht entschliessen ein freundliches Wort zu sagen: eine ganze Weile redet sie nur mit dem Chore, spricht von ihrer Treue, entschuldigt ihren Mangel an Rührung damit dass sie vor dem vielen Weinen in Agamemnon's Abwesenheit jetzt keine Thräne mehr habe, gibt wiederholt die bedenkliche Versicherung dass Alles wahr und ihr Ernst sei, und sucht den Schein davon zu erregen und sich in eine gewisse Wärme hineinzureden dadurch dass sie eine ganze Reihe von gesucht und übertrieben schmeichelhaften Wendungen auf Agamemnon häuft, ihn damit förmlich überschüttet [34]). Die Fülle, Künstlichkeit und Massivität der Schmeichelworte soll den Mangel wirklicher Empfindung verdecken; im Bewusstsein ihrer wahren Gesinnung gegen Agamemnon kann sie sich gar nicht genug thun im Aussprechen der entgegengesetzten, um jene ja recht sorgfältig zu verhüllen. Wie sie endlich ausgeredet hat sucht sie ihrem Gemahle mit einer geschraubten schwülstigen Wendung orientalisch kriecherische (fast göttliche) Ehrenbezeugungen aufzudrängen. Dies nicht nur abermals zum Ersatze der mangelnden Treue und Herzlichkeit [35]), sondern auch um Agamemnon sicher zu machen, ihn um so unfehlbarer ins Netz zu locken [36]), und zugleich um ihn zu einem Acte der Selbstüberhebung zu verführen der die Nemesis herausfordern müsse. Wie Agamemnon sich weigert die gefährliche Ehre anzunehmen kommt es zwischen den Gatten zu einem Wortwechsel der die innere Entfremdung beider aufdeckt und einen Blick in das herrische Wesen der Königin werfen lässt. Haben wir sie bis dahin als eine tückische Schlange kennen gelernt, gleissend, falsch und giftig, so erscheint sie als ganzes Ungeheuer nach der Ermordung ihres Gemahls, wo sie mit schauerlicher Offenheit und höllischem Hohngelächter den Hergang beschreibt und dem edlen Gemordeten sogar die Ehre der Bestattung verweigert [37]). Dass Aeschylos sie so grell gezeichnet, als ein ganzes Scheusal dargestellt hat,

---

34) Vgl. Ag. 1228 ff.
35) Gruppe, Ariadne S. 699.
36) Ag. 1372 ff. 1380 ff.
37) Vgl. Choeph. 430 ff.

geschah ohne Zweifel in der Absicht der That des Orestes von ihrem Grauen zu benehmen. Auch diesem gegenüber, als er verkleidet ihr die falsche Nachricht von seinem eigenen Tode bringt, benimmt sie sich in gleich heuchlerischer Weise: auch gegen ihn spricht sie in ganz gekünstelten Worten ihren angeblichen Schmerz aus, ist aber sehr bald wieder gefasst, obwohl sie dann auch der Dienerschaft gegenüber die Rolle der Tiefbetrübten fortsetzen zu müssen glaubt. Daneben trifft sie aber in ihrem bösen Gewissen und bei ihrem überlegenen Verstande Vorkehrungen für den Fall dass der Bote Unwahrheit berichtet haben sollte. Auf die Nachricht dass Orestes der Bote sei und den Aegisthos schon erschlagen habe verliert sie keinen Augenblick die Geistesgegenwart, sondern schickt sich, Mannweib wie sie ist, zu thätlichem Widerstande an, und als dieser vergeblich ist versucht sie es mit rührenden Vorstellungen und Bitten, aber auch diess mit nur vorübergehendem Erfolge, und sie fällt, vom eigenen Sohne überlistet, wie sie den Gatten mit List gemordet hatte (Choeph. 888). Die schauerlich grossartige Gestalt der Klytaemnestra überragt weit alle anderen Personen der Tragoedie. Von Agamemnon ist zwar viel die Rede, aber auf der Bühne erscheint er nur in Einer Scene, aus dem Kriege in die Heimat zurückkehrend, heiter [38]), aber nicht übermütig, sondern mild und freundlich gegen seine Untergebenen, dankbar gegen die Götter, ängstlich bemüht dass er nicht durch Vermessenheit sich ihren Zorn zuziehe, nachgiebig und arglos seiner Gattin gegenüber, aber nicht ohne die Ahnung eines drohenden Unglücks. Kassandra war schon vom Mythus so eigenthümlich gezeichnet dass der Dichter wenig hinzuzuthun brauchte. Indessen behandelt er sie nur überhaupt als Seherin, ohne den Zug stärker hervorzukehren dass ihre Weissagungen keinen Glauben finden [39]). Als Seherin kennt sie die Unabänderlichkeit des Schicksals und geht — im Gegensatze zu dem arglos, ahnungslos in sein Verderben rennenden Agamemnon — ihrem Tode mit heroischer Ergebung entgegen. Aegisthos ist im Agamemnon [40]) wie in den Choephoren [41]) als feige Memme dargestellt, abermals zum Contraste gegen Agamemnon, damit es um so empörender und unerträglicher erscheine dass der Feigling die Stelle des Helden einnimmt, zu dessen Meuchelmord er mitgewirkt hat [42]), doch so dass er die eigentliche Ausführung dem Weibe überliess [43]), und damit

---

38) Ag. 915 f. 920.
39) Vgl. Ag. 1213.
40) Ag. 1634 f.
41) Choeph. 304 f. 770.
42) Ag. 1613 f. 1634 ff. Choeph. 1011.   43) Ag. 1636 ff.

auch von dieser Seite dann die That des Orestes menschlich berechtigter dastehe. Orestes und Elektra gehen in der ihnen beigelegten Handlung auf, ohne durch sonstige Züge das Interesse von dieser abzulenken. Namentlich Elektra ist ganz treue Tochter, die auf Rache für den Vater sinnt, und zärtliche Schwester. Orestes spielt seine Rolle als phokischer Fremder gut; seine Stimmung nach der That ist wenig innerlich gezeichnet; die Verschuldung des Muttermords bleibt etwas rein äusserlich ihm Gegenüberstehendes und ihn Verfolgendes, in sein Bewusstsein aber reichen die Erinyen nicht hinein; denn Reue über seine Tödtung der Mutter empfindet er nicht [44]), und den Aegisthos zu erschlagen war er ohnehin vollständig berechtigt [45]). In den Eumeniden tritt seine Person in demselben Verhältniss zurück als die Rechtsfrage in den Vordergrund gelangt und von Göttern in die Hand genommen wird. Unter den Letztern ist Athene mit besonderer Liebe und besonders edel gezeichnet: bei allem Kraftbewusstsein und Gefühl ihrer Würde bedient sie sich doch durchaus milder Formen, ist unparteiisch, human [46]) und daher auch so allgemein und unbedingt geachtet dass selbst die Erinyen sich willig ihrer Entscheidung unterwerfen [47]). Apollon dagegen ist ganz Parteimann: er zankt sich für Orestes mit den Erinyen herum, macht dessen Sache zu seiner eigenen und vertheidigt sie echt advokatenhaft, ohne vor einer Consequenz zurückzuweichen [48]). Neben diesen Charakteren von höherem Stile finden sich in der Trilogie auch niedriger gehaltene Figuren. So der Wächter zu Anfang des Agamemnon, der voll sprüchwörtlicher Redensarten und volksmässiger Bilder steckt, übrigens eine treue Seele, die mit ganzem Herzen an ihrem Herrn hängt und über das Unglück von dessen Haus sich im Stillen grämt. Sodann die Kindswärterin Kilissa in den Choephoren, ganz nach der Natur gezeichnet: nicht stark im Auffassen [49]), aber von der Wichtigkeit ihrer Stellung und ihrer Verrichtungen aufs Tiefste durchdrungen und sie mit unerschöpflicher Beredtsamkeit darlegend und mit einer Gründlichkeit welche den Hörer auch mit dem übelriechendsten Detail ihrer Functionen nicht verschont. Wirklich edel aber ist — seinem weit höheren Range gemäss — der Herold im Agamemnon gehalten, welcher Freudenthränen weint wie er seine Heimat nach langer Trennung

---

44) Eum. 596.
45) Choeph. 989 f.
46) Eum. 413 f. 426.
47) Eum. 433 ff.
48) Eum. 656 ff.
49) Choeph. 767.

wieder erblickt, alle Mühsale der Vergangenheit über der frohen Gegenwart vergisst und gern jetzt sterben will, da er mit seinem Vaterlande wieder vereinigt ist. Der Chor besteht im Agamemnon aus argeiischen Greisen die schon beim Auszug gegen Ilion zu alt waren als dass sie sich hätten mitbetheiligen können, und ist voll Anhänglichkeit an das Herrscherhaus von Argos und insbesondere an die Person des Agamemnon. So rührt ihn die Nachricht von Ilions Eroberung bis zu Thränen. Was aber am eigenthümlichsten ausgeprägt erscheint ist ihr Charakter als Greise. Vermöge dessen zeigen sie einmal eine gewisse physische Schüchternheit, die sich schwer zu einem entschlossenen Worte oder Schritte aufschwingt, und es dient mit zur Bezeichnung des unmännlichen Wesens von Aegisthos und der Abscheulichkeit von Agamemnons Ermordung dass dadurch sogar diese Greise in Flammen gesetzt und zu nachdrücklichem Widerstand ermutigt werden. Ein Ausfluss dieser Schüchternheit ist die Vorsicht die sich in ihrem Reden wie Thun kundgibt [50]). Von dieser Vorsicht ist nur ein kleiner Schritt zu der weiteren Eigenschaft des Misstrauens in Personen und Zustände, zum Pessimismus, welchen sie gleichfalls verrathen. An Erfreuliches zu glauben wird ihnen schwer [51]), dagegen halten sie um so leichter das Schlimmste für wahr [52]) und kehren überhaupt gern die trübe Seite an den Dingen hervor. Als Greise besitzen sie aber zugleich auch eine Reife der Ansicht die sie besonders geeignet macht Träger der sittlichen Ideen zu sein von denen dieses Stück durchzogen ist. In den Choephoren bilden den Chor alte treue Dienerinnen des Agamemnon welche ihn im Glanze seiner Heldenhaftigkeit gekannt haben und den Schmerz um ihn und den Gedanken der Rache nicht einschlummern lassen. Sie nehmen aufs Entschiedenste Partei für Orestes und Elektra gegen Klytaemnestra und Aegisthos, und leisten den Ersteren einen wesentlichen Dienst, indem sie die schwache Wärterin beschwatzen Klytaemnestra's Auftrag an Aegisthos abgeändert auszurichten. Aber neben ihrem Hasse gegen Agamemnon's Mörder versagen sie doch auch diesen, als sie durch den Tod gebüsst haben, nicht das humane Mitgefühl [53]), und begleiten den Orestes mit ihren besten Wünschen nach Delphi. Von dort an — in den Eumeniden — bilden die Erinyen den Chor, über deren Begriff und Auftreten schon oben gesprochen ist.

---

50) Schweigen, Ag. 548. Beim Todesschrei des Agamemnon berathen sie was thun, und beschliessen erst sich zu vergewissern ob Agamemnon wirklich erschlagen sei (Ag. 1870 f.).

51) Ag. 476 ff.

52) Ag. 622 f.

53) Choeph. 931. Sie stehen also zugleich über den Parteien.

Die Rollenvertheilung in dieser Trilogie ist darum beachtenswerth weil in ihr unser Dichter zum ersten Mal (für uns) von der Neuerung des Sophokles (τριταγωνιστής) einen ganz offenen und entschiedenen Gebrauch gemacht hat. Es sind nämlich in mehreren Scenen je drei Personen (redend) auf der Bühne; so im Ag. 810 ff. Agamemnon, Klytaemnestra und Kasandra; Choeph. 892 ff. Orestes, Klytaemnestra und Pylades; zu Anfang der Eumeniden Pythia und gleich darauf Apollon und Orestes, und dann Klytaemnestra's Schatten (= Pythia), so wie V. 566 ff. Athene, Apollon und Orestes. Die Art der Vertheilung erklärt manche Eigenthümlichkeiten der Anlage. Es spielten nämlich — wenn wir die Rollen so vertheilen dass dieselbe Person durch alle drei Stüke von dem gleichen Schauspieler gegeben wurde [54]) —

I. πρωταγωνιστής: im Ag. den φύλαξ, κήρυξ, so wie die Titelrolle, den Ἀγαμέμνων; in den Choeph. und in den Eum. den Orestes.
II. δευτεραγωνιστής: die Klytaemnestra im Ag. und in den Choeph. [55]); in den Eum. Klytaemnestra's Schatten, die Pythia und die Athene.
III. τριταγωνιστής: im Ag. Kasandra und Aegisthos; in den Choeph. Elektra, Wärterin und Aegisthos, so wie wohl den οἰκέτης (ἐξάγγελος); endlich in den Eum. den Apollon [56]).

Dazu kommt noch als παραχορήγημα in den Choephoren Pylades, der aber nur drei Verse zu sprechen hat und vielleicht durch den Flötenbläser des Orestes dargestellt wurde. Aus dieser Vertheilungsweise ergibt sich wiederum die Nothwendigkeit dass die Leiche von Kasandra (wie Agamemnon) im Agamemnon durch Puppen dargestellt wurde [57]), und es erklärt sich aus derselben der eigenthümliche Umstand dass von Elektra im Agamemnon gar keine Rede wird — höchstens dürfen wir sie im Gefolge der Klytaemnestra als stumme Person denken — und in den Choephoren dieselbe in der zweiten Hälfte mit einem Male spurlos verschwindet [58]).

---

54) Etwas anders vertheilen die Rollen O. Müller, gr. Lit.-G. II. S. 58 f. Anm. Vgl. auch A. Schöll, Leben des Sophokles S. 54—57. Die oben angeführte Art der Vertheilung habe ich aufgestellt schon in Minckwitz' Uebersetzung des Aeschylos (Stutig. 1858). S. 315.

55) O. Müller theilt die Klytaemnestra dem τριταγωνιστή zu; aber die Rolle ist offenbar zu bedeutsam, umfassend und schwierig für diesen. Eher wäre einige Versuchung das oben dem zweiten Schauspieler zugewiesene vielmehr dem πρωταγωνιστής zuzutheilen.

56) O. Müller theilt die Wärterin dem δευτερ. zu; aber zwischen ihrem Auftreten und dem der Klytaemnestra liegen nur zwölf anapästische Dimeter. Auch wird Athene, als wichtiger, passender dem δευτεραγ. zugetheilt, statt, wie O. Müller thut, dem τριτετ.

57) Ueber das Sceninahe der Trilogie vgl. A. Schönborn, Skene d. Hell. S. 158—166. 205—229.

58) Weil nämlich der betreffende Schauspieler hier anders verwendet ist.

Wie Aeschylos in Bezug auf die Einführung eines dritten Schauspielers sich seinem jüngeren Nebenbuhler angeschlossen hat, so zeigt auch sonst diese Trilogie zahlreiche Spuren des Einflusses von Sophokles. Ganz besonders „in der Behandlung des Drohenden und Geheimen und in allen jenen ironischen Audeutungen und Umkehrungen welche vom Zuschauer ganz anders verstanden sein wollen als sie zunächst vom Sprechenden gemeint sind" [59]). An solchen Dilogieen, wie sie namentlich in Soph. Oed. R. so häufig sind, hat besonders der Agamemnon Ueberfluss, der jedoch daneben die aeschyleische Eigenthümlichkeit des Ausdrucks in der vollendetsten Weise darstellt. Bilder [60]), Sprache und Versbau sind hier von einer Erhabenheit und Pracht, die Gedanken von einer Tiefe und Sinnigkeit wie in keiner zweiten Dichtung des Alterthums. Zugleich aber gehört eben darum diese Tragoedie zu den für die Erklärung schwierigsten Erzeugnissen der griechischen Literatur.

Das Satyrdrama das den Schluss der Aufführung bildete beschliesse auch diese Betrachtung der Trilogie. Es war nach der Didaskalie [61]) der Πρωτεύς, welcher ohne Zweifel die Abenteuer des Menelaos und der Helena in Aegypten, bei dem Meergotte Proteus, zu seinem Gegenstand hatte und somit demselben Mythenkreise wie die tragische Trilogie entnommen war. Die Gestalt jenes neckischen Meergreises mit seiner Verwandlungsgabe, so wie das Verhältniss zwischen Menelaos und Helena bot auch für eine minder ernsthafte Behandlung Stoff genug dar. Aus der Rücksicht auf das Nachfolgen dieses Satyrdrama's erklärt sich wohl die ausführliche Erwähnung des Schicksals von Menelaos im Agamemnon V. 617 ff.

---

59) Gruppe, Ariadne S. 703.
60) Z. B. die grossartigen Ag. 48 ff. und die Hehlloben V. 717 ff.
61) Vgl. Schol. Ar. Ran. 1124.

I. Prometheus . . . . Seite 1
II. Orestie . . . . „ 14

Bei den Citaten aus Aeschylos ist der Text und die Verszahlen der Teubner'schen Ausgabe von W. Dindorf zu Grunde gelegt.

Nicht mehr benützt konnte werden die Abhandlung von G. Dronke, die sittlichen und religiösen Vorstellungen des Aeschylos, in Fleckeisen's Jahrbüchern für classische Philologie, Suppl. IV. (1861.) S. 7—54.

Ebenso die Ausgabe der Eumeniden von H. Weil, Giessen 1861, und dessen Aufsatz über den symmetrischen Bau des Recitativs bei Aeschylos, in Fleckeisen's Jahrbüchern 88, S. 377—402.